लहरों के राजहंस

(नाटक)

लहरों के राजहंस

मोहन राकेश

राजकमल प्रकाशन

ISBN : 978-81-267-0851-2

मूल्य : ₹450

पहला संस्करण : 1963
नये रूप में पहली आवृत्ति : 1968
इस रूप में पहली बार : 2004
छठा संस्करण : 2023

प्रकाशक : राजकमल प्रकाशन प्रा.लि.
1-बी, नेताजी सुभाष मार्ग, दरियागंज
नई दिल्ली-110 002
शाखाएँ : अशोक राजपथ, साइंस कॉलेज के सामने, पटना-800 006
पहली मंजिल, दरबारी बिल्डिंग, महात्मा गांधी मार्ग, प्रयागराज-211 001
वेबसाइट : www.rajkamalprakashan.com
ई-मेल : info@rajkamalprakashan.com

मुद्रक : विकास कंप्यूटर एंड प्रिंटर्स
ट्रॉनिका सिटी-201 102

LAHRON KE RAJHANS
Play by Mohan Rakesh

उस एक को
जिसे लगता है
मन की बात कहकर आदमी छोटा हो जाता है।

देर आयद दुरुस्त आयद

कम लोग जानते हैं कि 1968 में *लहरों के राजहंस* का एक संशोधित-परिवर्तित नया रूप प्रकाशित हुआ था। उसकी भूमिका के अन्त में राकेश ने यह इच्छा व्यक्त की थी कि इस नाटक के 1963 में छपे प्रथम रूप का प्रकाशन भविष्य में नहीं होना चाहिए। परन्तु दुर्भाग्य से, पता नहीं किन ज्ञात-अज्ञात कारणों के चलते, तब से अब तक इस नाटक का पहला रूप ही लगातार छपता और बिकता रहा है। उसी के गुण-दोषों को बार-बार दोहराते बहुसंख्यक शोध एवं आलोचना ग्रन्थ इस बीच लगातार लिखे और पढ़े-पढ़ाए जाते हैं। यह सच है कि कुछ नाट्य-समीक्षकों एवं रंगकर्मियों को आज भी इस नाटक का पहला रूप नए के मुकाबले बेहतर प्रतीत होता है और कुछ नाट्य-निर्देशकों ने इस बीच दोनों विकल्प उपलब्ध होने के बावजूद अभिमंचन के लिए प्रथम संस्करण वाले आलेख को ही चुना भी है। परन्तु मेरे विचार से इस विवादास्पद प्रश्न पर लेखकीय इच्छा का ही सम्मान होना चाहिए—क्योंकि राकेश ने तो नए के साथ-साथ पुराने रूप के भी छपते रहने के सुझाव का भी स्पष्ट विरोध किया था। हमें विश्वास है कि लेखकीय सम्मान और गरिमा के प्रतीक बन चुके रचनाकार मोहन राकेश के जीवित रहते उसकी इच्छा का ऐसा अनादर कभी सम्भव नहीं होता।

लेकिन देर आयद दुरुस्त आयद। अब *लहरों के राजहंस* के नए रूप के पुनर्प्रकाशन के साथ—पैंतीस वर्ष बाद ही सही—राकेश की उस अन्तिम इच्छा की पूर्ति हो रही है तो हम सबके लिए निश्चय ही यह सन्तोष और प्रसन्नता की बात है। प्रकाशक का यह आश्वासन और भी सुखकर है कि नाटककार की इच्छानुसार इस नाटक के पुराने रूप का प्रकाशन भविष्य में नहीं किया जाएगा। अब पाठकों को केवल इसका यह नया रूप ही उपलब्ध होगा। हमें विश्वास है कि इससे आलोचकों, शिक्षाविदों और रंगकर्मियों के बीच इस नाटक के प्रति नई

उत्सुकता जागेगी और इसके समुचित मूल्यांकन से रचना और रचनाकार को न्याय मिल सकेगा।

सन् छियालीस-सैंतालीस में सुन्दरी, नन्द, अलका और मैत्रेय को लेकर लिखी गई एक 'अनाम ऐतिहासिक कहानी' से लेकर सन् छियासठ-सड़सठ में लिखे रंग-नाटक *लहरों के राजहंस* के नए रूप में लिखे जाने की बीस-बाईस वर्ष लम्बी, जटिल और रचनात्मक अन्तर्यात्रा की अन्तरंग कथा तो इसी संस्करण के साथ प्रकाशित आलेख 'नाटक का यह परिवर्तित रूप' में स्वयं नाटककार ने ही लिख दी है। अतः यहाँ इस नाटक के पुराने और नए रूप की भिन्नता के कुछ सूक्ष्म एवं महत्त्वपूर्ण बिन्दुओं को रेखांकित करना इसे सही सन्दर्भ एवं परिप्रेक्ष्य देने की दृष्टि से आवश्यक प्रतीत होता है।

लहरों के राजहंस के दोनों रूपों का अध्ययन करने पर स्पष्ट होता है कि पहले संस्करण में नाटक का परदा उठने पर श्वेतांग का श्यामांग के प्रति संवाद था—'(कार्य में व्यस्त) तुम्हारी उलझन अभी समाप्त नहीं हुई ?' परन्तु नए रूप में परदा उठने पर अँधेरे में नेपथ्य से त्रिशरणों के समवेत-स्वर की प्रभावपूर्ण योजना की गई है। इससे मूल नाटक के आरम्भ होने से पहले ही दर्शक-पाठक का मन 'बौद्धकाल' में चला जाता है और सुन्दरी के विरुद्ध गौतम बुद्ध की अप्रत्यक्ष परन्तु प्रभावी शक्ति का पूर्व-संकेत भी मिल जाता है। इसके अतिरिक्त श्वेतांग के एक पंक्ति के संवाद को अब तीस पंक्तियों के लम्बे संवाद में बदल दिया गया है जो 'क्या बात है, नागदास' से आरम्भ होकर 'तुम्हारी उलझन अभी समाप्त नहीं हुई ?' तक चलता है। इससे कामोत्सव की चहल-पहल, हलचल, तैयारी, महत्त्व और राजसी समारोहपूर्ण वातावरण की स्थापना में सहायता मिलती है।

नए रूप में श्यामांग के प्रतीकत्व को अधिक स्पष्ट कर दिया गया है। इस दृष्टि से कुछेक नए संवाद भी जोड़े गए हैं, जैसे—

सुन्दरी : (अधीर भाव से झूले से उठती हुई)

'जिससे आपको विशेष अनुराग है। जिससे बात करके आपको विशेष सुख मिलता है। जिसकी बातों में आपको अपने अन्तर्मन की छाया झलकती दिखाई देती है। जानती हूँ।'

नए संस्करण में पहले अंक का अन्त एक अत्यन्त तनावपूर्ण स्थिति में मैत्रेय के प्रस्थान और नन्द के आत्मोन्मुख संक्षिप्त और सारगर्भित

संवाद से होता है। पहले संस्करण के अन्त में मैत्रेय के प्रस्थान के बाद शशांक का प्रवेश और नन्द का यह आदेश भी था, 'तुमसे कह दिया है जाओ। जो आसन बिछाए हैं, उठा दो। अब उन सबकी कोई आवश्यकता नहीं है।' नन्द का यह संवाद अन्त की तीव्रता कम कर देता है और नन्द के अन्तर्मुखी चरित्र को एक चतुर, व्यावहारिक व्यक्ति का रूप दे देता है, जो उसके समग्र व्यक्तित्व से मेल नहीं खाता। नए अन्त में एक कुतूहल, पैनापन और क्षिप्रता है। नन्द का अन्तिम संवाद अब दूसरे अंक में नन्द की भूमिका को ठोस धरातल प्रदान करता है।

दूसरे अंक के आरम्भ में 'संगीत खंडों के समान' नेपथ्य से आनेवाले श्यामांग के लम्बे प्रलापपूर्ण संवादों को संक्षिप्त कर दिया गया है और सुन्दरी के जागने से पहले नन्द के एक लम्बे एकालाप की योजना की गई है। यह एकालाप नन्द के व्यक्तित्व को गहराई से प्रतिष्ठित करता है और उसके चरित्र की अनेक परतें उघाड़ता हुआ उसके जटिल अन्तर्द्वन्द्व की झलक भी पाठक-दर्शक को दे देता है। पहले अंक के अन्त और दूसरे अंक के आरम्भ के बीच के अन्तराल को भी यह एकालाप भरने का प्रयास करता है। दर्पण अब कांच के स्थान पर कच्चे रजत का हो गया है जो देश-काल के अनुरूप है।

पहले संस्करण में दूसरे अंक का अन्त नेपथ्य से श्यामांग के 'पानी...पानी नहीं है' से लेकर '...कोई एक किरण...' वाले प्रलाप से होता था परन्तु नए रूप में यह मन्त्रमुग्ध नन्द के प्रस्थान और सुन्दरी के विडम्बनापूर्ण संक्षिप्त संवाद से होता है—यह अपेक्षाकृत तेज़, कसावपूर्ण और नाटकीय अन्त है।

तीसरे अंक का आरम्भ दोनों संस्करणों में पूर्णतः समान है।

नन्द के केश-कर्तन की सूचना का प्रसंग, नए संस्करण में अलका और श्वेतांग के बीच और बढ़ा दिया गया है। इससे नन्द के अन्तर्द्वन्द्वपूर्ण क्षणों की विस्तृत सूचना तो मिलती है, परन्तु नाटक की संरचना शिथिल हो जाती है और पाठक-दर्शक की रुचि भी इस प्रसंग में काफी क्षीण हो जाती है।

नए संस्करण में भिक्षु आनन्द और नन्द के वार्तालाप का भी विस्तार किया गया है। इसमें नन्द के दीक्षा-प्रसंग और बाघ-युद्ध की दुबारा सूचना मिलती है—जो दर्शक-पाठक को उबा देती है।

तीरुरे अंक का अन्तिम अंश नए संस्करण में बिलकुल बदल दिया

गया है। पहले रूप में सुन्दरी के जागने पर नन्द मंच से हट जाता है। नन्द और सुन्दरी अलका तथा श्वेतांग के माध्यम से एक दूसरे के बारे में जानकारी प्राप्त करते हैं। सुन्दरी से मिले बिना ही नन्द एक लम्बा-सा एकालाप बोलकर 'अपने केशों की खोज' में गौतम बुद्ध के पास वापस लौट जाता है। सुन्दरी नन्द द्वारा अपने को ग़लत या न समझे जाने की बात कहती है और नेपथ्य से श्यामांग के प्रलापपूर्ण लम्बे संवाद से नाटक समाप्त हो जाता है। परन्तु नए संस्करण में राकेश ने नन्द और सुन्दरी को एक-दूसरे के सामने ला खड़ा किया है। वे एक-दूसरे से मिलते हैं, टकराते हैं और एक भीषण विस्फोट के साथ (जिसमें औपचारिकता के आवरण तार-तार हो गए हैं) एक-दूसरे से छिटककर अलग हो जाते हैं।

नए संस्करण में तीसरे अंक का उत्तरार्द्ध अपनी वैचारिकता, गम्भीरता, तीव्रता और नाटकीयता की दृष्टि से हिन्दी-नाट्य साहित्य की उल्लेखनीय उपलब्धि है। नन्द और सुन्दरी के तनावपूर्ण, नुकीले संवादों से नाटक संतूर के तारों की तरह लगातार कसता चला जाता है और चरम पर पहुँच कर जैसे एक झटके से सम्बन्ध का तार झनझनाकर टूट जाता है। कहीं ज़रा-सा भी ढीलापन नहीं है यहाँ; साँस लेने तक का अवकाश नहीं है।

'...जिस सामर्थ्य और विश्वास के बल पर जी रहा था, उसी के सामने मुझे असमर्थ और असहाय बना कर फेंक दिया गया है।' तथा '...अस्तित्व और अनस्तित्व के बीच मेरी चेतना को एक प्रश्नचिह्न बनाकर छोड़ दिया गया है...।' जैसे बहुउद्धृत सैद्धान्तिक संवादों को भी नए संस्करण में स्थान नहीं दिया गया। 'मैं चौराहे पर खड़ा एक नंगा व्यक्ति हूँ' वाला संवाद भी स्वगत-कथन के रूप में था, अब उसे सुन्दरी से सीधे वार्तालाप के रूप में प्रस्तुत किया गया है।

नए संस्करण में वैसे अनेक और अधिकांश स्थानों पर संवादों को माँजा-सँवारा गया है परन्तु सुन्दरी के संवादों में विशेष रूप से एक नई चमक पैदा की गई है। अब सुन्दरी अपने आभिजात्य और अपनी गरिमा से उद्भूत संवाद-लय को कहीं नष्ट नहीं होने देती।

शिल्प की दृष्टि से नए संस्करण के तीनों अंकों के अपने-अपने आरम्भ, संघर्ष और चरम-बिन्दु हैं परन्तु अत्यन्त कलात्मक और नाटकीय ढंग से उन्हें एक अन्विति प्रदान की गई है।

इस प्रकार *लहरों के राजहंस* के इस नए संस्करण में–

इस नाटक ने नाटककार, निर्देशक और नाट्यदल के बहुप्रशंसित रचनात्मक सहयोगी–प्रयोग की शक्ति के साथ-साथ इस प्रक्रिया की सीमाओं को भी तीव्रता से उजागर किया है।

वस्तु को अधिक नाटकीय ढंग से संयोजित किया गया है।

चरित्रों की रेखाएँ अधिक स्पष्ट और प्रखर कर दी गई हैं तथा विडम्बना गहन हुई है।

श्यामांग को दूसरे अंक के आरम्भ के पश्चात् पूर्णतः नाटक से हटाकर रचना को अपेक्षाकृत अधिक रोचक और प्रभावपूर्ण बना दिया गया है। पहले संस्करण में नन्द के अन्तर्मन की अभिव्यक्ति के लिए परिस्थितिवश जो भूमिका श्यामांग को निभानी पड़ी थी, नए संस्करण में अब वह भूमिका नन्द स्वयं मुखर होकर अधिक नाटकीय ढंग से निभाता है।

रंग-भाषा पहले से अधिक जीवन्त, सहज और पात्रानुकूल हो गई है। संवादों का लय-विधान अधिक सटीक और निश्चित कर दिया गया है।

तीसरे अंक के मध्य भाग को छोड़कर शेष नाटक में द्वन्द्व और तनाव के कोण अधिक प्रखर हुए हैं और समग्रतः नाटक की संरचना में अपेक्षाकृत अधिक कसाव आ गया है।

वैचारिक और सैद्धान्तिक दृष्टि से नाटक का यह नया रूप अधिक प्रौढ़, गम्भीर, बहुआयामी और कलात्मक है।

लहरों के राजहंस की वर्तमान परिणतिहीन परिणति इसे अपेक्षाकृत अधिक आधुनिक और प्रामाणिक बनाती है।

अपने लिखे शब्दों तथा अतिरिक्त साहित्यिकता का स्वाभाविक मोह छोड़कर लेखक ने रचना की निर्मम शल्य-क्रिया करके नाट्यलेख को यथासम्भव स्वस्थ और चुस्त-दुरुस्त रूप देने का भरसक सृजनात्मक प्रयत्न किया है।

प्रयोगधर्मिता और आत्म-निषेध का ऐसा अन्य उदाहरण हिन्दी नाट्य साहित्य में शायद ही कोई और मिले।

–जयदेव तनेजा

पहली भूमिका

'आषाढ़ का एक दिन' के बाद यह मेरा दूसरा नाटक है।

पहले नाटक के विषय में कई तरह के विवाद उठे; उसकी ऐतिहासिक प्रामाणिकता को लेकर, रंगमंचीय सम्भावनाओं को लेकर और सबसे अधिक कालिदास के चरित्र को लेकर। रंगमंचीय सम्भावनाओं को लेकर जो आशंकाएँ थीं, उनका उत्तर काफ़ी हद तक अब तक दिया जा चुका है। दिल्ली, कलकत्ता, लखनऊ, इलाहाबाद, नागपुर, कानपुर, ग्वालियर तथा कई अन्य स्थानों पर उसे सफलतापूर्वक खेला गया है। अलकाज़ी-जैसे निर्देशक तथा अनामिका-जैसी संस्था ने उसे लेकर सर्वथा अलग-अलग दृष्टियों से प्रयोग किए हैं। आकाशवाणी के विभिन्न केन्द्रों से सभी भारतीय भाषाओं में उसे प्रसारित किया गया है।

कालिदास के चरित्र को लेकर जो आपत्तियाँ उठाई गईं, वे कुछ लोगों के पूर्वाग्रह को ही व्यक्त करती हैं। शोधकों का एक वर्ग है जिसने कालिदास और मातृगुप्त को एक ही व्यक्ति माना है। इसी आधार पर प्रसाद ने 'स्कन्दगुप्त' में कालिदास के चरित्र की कल्पना की है। एक ऐसा भी वर्ग है जो इसकी प्रामाणिकता में विश्वास नहीं करता, परन्तु कालिदास के जीवन के सम्बन्ध में कितने प्रामाणिक तथ्य आज तक हमें उपलब्ध हैं ? जितनी सामग्री है, वह एक न एक अनुमान पर ही आधारित है। कुछ लोगों को अपने अनुमान अधिक प्रामाणिक लगें, यह बात दूसरी है।

एक आलोचक ने लिखा था कि 'कालिदास-जैसे व्रती तपस्वी महात्मा' को नाटक में एक दुर्बल व्यक्ति के रूप में चित्रित किया गया है। मुझे आश्चर्य इसलिए हुआ कि वे आलोचक संस्कृत के अच्छे पंडित हैं। 'अभिज्ञान शाकुन्तल', 'कुमारसम्भव' तथा 'मेघदूत' पढ़कर यदि कालिदास का ऐसा ही चरित्र उनके मन में बनता है, तो क्या कहा जा

सकता है ? रूढ़िगत संस्कार ही जहाँ व्यक्ति का विवेक बन जाए, वहाँ और आशा करना व्यर्थ है। हमारे यहाँ परम्परा ही कुछ ऐसी है कि हम अपने जातीय प्रतीकों को सदा अतिमानवीय धरातल पर रखकर देखना चाहते हैं। उनमें मानवीयता का निदर्शन हमें चोट पहुँचाता है। इसका मुख्य कारण शायद यही है कि हमें स्वयं अपनी मानवीयता में विश्वास नहीं है, अपने यथार्थ में आस्था नहीं है। क्योंकि अपने से कुछ आशा नहीं होती, इसलिए यह बात असम्भव प्रतीत होती है कि मानवीय धरातल पर रहकर भी जीवन में कुछ महान् किया जा सकता है। केवल उसी धरातल पर रहकर किया जा सकता है, यह तो शायद सुनने में भी बहुत भारी पड़े।

'आषाढ़ का एक दिन' में कालिदास का जैसा भी चरित्र है वह उसकी रचनाओं में समाहित उसके व्यक्तित्व से बहुत हटकर नहीं है; हाँ, आधुनिक प्रतीक के निर्वाह की दृष्टि से उसमें थोड़ा परिवर्तन अवश्य किया गया है। यह इसलिए कि कालिदास मेरे लिए एक व्यक्ति नहीं, हमारी सृजनात्मक शक्तियों का प्रतीक है, नाटक में वह प्रतीक उस अन्तर्द्वन्द्व को संकेतित करने के लिए है जो किसी भी काल में सृजनशील प्रतिभा को आन्दोलित करता है। व्यक्ति कालिदास को उस अन्तर्द्वन्द्व में से गुज़रना पड़ा या नहीं, यह बात गौण है। मुख्य बात यह है कि हर काल में बहुतों को उसमें से गुज़रना पड़ा है, हम भी आज उसमें से गुज़र रहे हैं। हो सकता है व्यक्ति कालिदास का यह नाम भी वास्तविक न हो, पर हमारी आज तक की सृजनात्मक प्रतिभा के लिए इससे अच्छा दूसरा नाम, दूसरा संकेत, मुझे नहीं मिला।

'आषाढ़ का एक दिन' का कालिदास दुर्बल नहीं है; कोमल, अस्थिर और अन्तर्द्वन्द्व से पीड़ित है। विलोम जो अपेक्षया सबल प्रतीत होता है, दुराग्रह की आक्रामक शक्तियों को संकेतित करता है। वह व्यक्ति अपने अन्तर्द्वन्द्व को खा चुका है, इसलिए अपेक्षया अधिक संयोजित है। आशा और आस्था से हताशा और अनास्था का स्वर प्रकट रूप से अधिक बलवान होता है; अपनी स्थापना के लिए उसकी आन्तरिक अपेक्षा ही ऐसी होती है। आशा और आस्था की शक्तियाँ अपनी कोमलता में निर्बल प्रतीत हों, फिर भी कथ्य यही है कि बर्बर शक्तियों के हाथों वे पराजित नहीं होतीं। 'आषाढ़ का एक दिन' में पराजित व्यक्ति टूटा हुआ कालिदास नहीं, अपने में संयोजित विलोम है—क्योंकि विजय और

पराजय के संकेत वे दोनों स्वयं नहीं हैं; संकेत है मल्लिका जो कालिदास की आस्था का विस्तारित रूप है। मल्लिका का चरित्र एक प्रेयसी और प्रेरणा का ही नहीं, भूमि में रोपित उस स्थिर आस्था का भी है जो ऊपर से झुलसकर भी अपने मूल में विरोपित नहीं होती।

इतिहास या ऐतिहासिक व्यक्तित्व का आश्रय साहित्य को इतिहास नहीं बना देता। इतिहास तथ्यों का संकलन करता है, उन्हें एक समय तालिका में प्रस्तुत करता है। साहित्य का ऐसा उद्देश्य कभी नहीं रहा। इतिहास के रिक्त कोष्ठों की पूर्ति करना भी साहित्य का उपलब्धि-क्षेत्र नहीं है। साहित्य इतिहास के समय से बँधता नहीं, समय में इतिहास का विस्तार करता है; युग से युग को अलग नहीं करता, कई-कई युगों को एक साथ जोड़ देता है। इस तरह इतिहास के 'आज' और 'कल' उसके लिए 'आज' और 'कल' नहीं रह जाते, समय की असीमता में कुछ ऐसे जुड़े हुए क्षण बन जाते हैं, जो जीवन को दिशा संकेत देने की दृष्टि से अविभाज्य हैं। इस तरह साहित्य में इतिहास अपनी यथातथ्य घटनाओं में व्यक्त नहीं होता, घटनाओं को जोड़ने वाली ऐसी कल्पनाओं में व्यक्त होता है जो अपने ही एक नए और अलग रूप में इतिहास का निर्माण करती हैं। यह निर्माण रूढ़िगत अर्थ में इतिहास नहीं है। उस इतिहास की खोज के लिए इतिहास की शोध पुस्तकों की ओर ही जाना चाहिए।

प्रस्तुत नाटक का आधार भी ऐतिहासिक है, परन्तु उतने ही अर्थ में जितना इस व्याख्या में आता है। कथा का आधार अश्वघोष का 'सौन्दरनन्द' काव्य है, परन्तु समय के विस्तार में स्थितियों का परिक्षेपण करने के कारण यह काल्पनिक भी है। काल्पनिक अश्वघोष का 'सौन्दरनन्द' भी है, क्योंकि संस्कृत तथा पालि साहित्य में जो कथा उपलब्ध थी, उसका अश्वघोष ने अपनी दृष्टि से परिक्षेपण किया है, एक काल्पनिक अन्विति से उसे विस्तार दिया है। 'धम्मपद' की टीका में नन्द और सुन्दरी की जो कथा है, 'सौन्दरनन्द' की कथा प्रभाव और विस्तार में उससे कहीं आगे जाती है। 'सौन्दरनन्द' में नन्द और सुन्दरी के जीवन के जो तथ्य हैं, उनके जीवन के सीमित ऐतिहासिक तथ्यों से वे कहीं भिन्न हैं; शोधग्रन्थों के 'प्रामाणिक' तथ्य तो उनके सम्बन्ध में उपलब्ध ही नहीं हैं। संस्कृत तथा प्राकृत स्रोतों की कथा में ही बहुत अन्तर है। जो स्वतन्त्रता 'सौन्दरनन्द' के लेखक ने उपलब्ध तथ्यों से

आगे जाने में ली, वही स्वतन्त्रता यदि आज का लेखक 'सौन्दरनन्द' के तथ्यों से आगे जाने में लेता है, तो पुराणसर्वस्व व्यक्तियों को चौंकना नहीं चाहिए। तथ्यों के इतिहास का सन्तोष उन्हें दूसरी जगह मिल सकता है; उसकी उन्हें यहाँ खोज नहीं करनी चाहिए। यहाँ नन्द और सुन्दरी की कथा एक आश्रय-मात्र है, क्योंकि मुझे लगा कि इसे समय में परिक्षेपित किया जा सकता है। नाटक का मूल अन्तर्द्वन्द्व उस अर्थ में यहाँ भी आधुनिक है जिस अर्थ में 'आषाढ़ का एक दिन' के अन्तर्गत है। रंगमंच पर नाटक कैसा उतरेगा, यह अभी कैसे कहा जा सकता है ? 'आषाढ़ का एक दिन' की तरह प्रकाशन से पहले उस दृष्टि से इसकी भी परीक्षा नहीं की जा सकी। आशा करना चाहता हूँ कि उस प्रयोग की तरह यह प्रयोग भी अपनी स्थापना कर सकेगा।

–मोहन राकेश

नाटक का यह परिवर्तित रूप

बहुत पहले से एक बिम्ब मन में था। दो दीपाधार। एक ऊँचा, शिखर पर पुरुष-मूर्ति– बाँहें फैली हुईं तथा आँखें आकाश की ओर उठी हुईं। दूसरा छोटा, शिखर पर नारी-मूर्ति–बाँहें सिमटी हुईं तथा आँखें धरती की ओर झुकी हुईं।

पहले-पहल शायद अश्वघोष का **सौन्दरनन्द** पढ़ते हुए यह बिम्ब मन में बनने लगा था। क्यों और कैसे, यह कह सकना असम्भव है। उस काव्य का अपना बिम्ब तरंगों पर तैरते राजहंस का है, या अनिश्चय में उठे-रुके एक पैर का। परन्तु मेरे लिए वह सब धुँधला दृश्य था। स्पष्ट थे दो दीपाधार जो **सौन्दरनन्द** में नहीं थे।

पिछले बीस वर्षों में न जाने कितनी बार और कितनी तरह से मैंने इन दीपाधारों के बीच के धुँधले दृश्य को बदलते देखा है। हर बार का दृश्य एक नए दृश्य का आभास देकर, फीका पड़ जाता रहा है। आज तक और किसी रचना को लेकर मेरे साथ ऐसा नहीं हुआ। परिवर्तन और रचनाओं में भी मैंने किए हैं, परन्तु मूल रूप के बहुत निकट रहकर–लगभग उसी के हाशिए पर। हाल ही में **आषाढ़ का एक दिन** के पाठ को भी जहाँ-तहाँ से थोड़ा छुआ है। परन्तु **लहरों का राजहंस** के साथ ऐसा नहीं है। इसके बार-बार लिखे और बदले जाने की प्रक्रिया कुछ इतनी लम्बी है कि उसकी चर्चा करते भी संकोच होता है। अपने पहले रूप में यह नाटक नहीं, एक कहानी थी। कहानी मैंने सन् छियालीस या सैंतालीस में लिखी थी। एक परीक्षा-कापी के भूरे पन्नों पर घसीटी गई वह कहानी अब तक गुम हो गई है या जलाने और फाड़ने से बचे ढेरों कागज़ों में आज भी कहीं सुरक्षित है, कह नहीं सकता। प्रस्तुत नाटक के चार पात्र–नन्द, सुन्दरी, अलका और मैत्रेय–उस कहानी में भी थे। 'नारी का आकर्षण पुरुष को पुरुष बनाता है, तो उसका अपकर्षण उसे गौतम बुद्ध बना देता है'–सुन्दरी

का यह वाक्य भी उस कहानी में से ही है। परन्तु लिख लेने के बाद वह कहानी मुझे बहुत अधूरी लगती रही। मैंने उसे कहीं प्रकाशनार्थ नहीं भेजा। इसका एक कारण शायद यह भी था कि कहानी के पात्र और परिस्थितियाँ सामान्य अर्थ में 'ऐतिहासिक' थीं, और ऐतिहासिक सन्दर्भ की रचनाओं के प्रति मेरे मन में वैसे ही एक चिढ़ रही है। उस तरह के सन्दर्भ को लेकर तब तक एक ही और चीज़ मैंने लिखी थी—**कलिंग-विजय** शीर्षक एकांकी जिसका प्रकाशन **सरस्वती** के सन् पैंतालीस (?) के किसी अंक में हुआ था। परन्तु नाटक में वह सन्दर्भ उतना अस्वाभाविक नहीं लगता जितना कहानी में।

सन् सैंतालीस और उनचास के बीच दो साल मैं बम्बई में था। उन दिनों **कलिंग-विजय** का वहाँ रेडियो से प्रसारण हुआ। तब इस कहानी को भी मैंने एक रेडियो-नाटक के रूप में लिख डाला। शीर्षक था, **सुन्दरी**। मुझे याद है मैंने वह नाटक एक ईरानी होटल में चाय पीते हुए वहाँ के शोरगुल के बीच सुना था। जो कुछ वहाँ सुनाई दिया, उसमें नाटक कम और 'ध्वनि-प्रभाव' ही ज़्यादा था। सुनने के बाद कई दिन मन में उदासी रही कि क्यों मैंने वह नाटक उस रूप में लिखकर प्रसारण के लिए दे दिया। बाद में यह सोचकर उससे छुट्टी पा गया कि चलो किसी को पता तो है नहीं, मैं भी यह भूलकर रह सकता हूँ कि मैंने उस रूप में उसे लिखा था।

इसके बाद सात-आठ साल और निकल गए। मैं उन दिनों जालन्धर में था। जालन्धर रेडियो के लिए कई एक नाटक लिखे थे जिनमें से अधिकांश रमेशपाल ने वहाँ से प्रस्तुत किए थे। एक बार बात होने पर रमेशपाल को बहुत उत्साहित पाकर यह नाटक भी उन दिनों फिर से लिख डाला। शीर्षक था, **रात बीतने तक।** परिकल्पना इस बार एक रंग-नाटक की थी, परन्तु रेडियो-शिल्प की दृष्टि से उसमें अपेक्षित परिवर्तन कर दिए थे। नाटक के प्रसारण से पहले रमेशपाल के मन में जितना उत्साह था, वह प्रसारण के बाद और बढ़ गया। यहाँ तक कि जालन्धर से जाने के बाद भी उसने राँची, लखनऊ तथा अन्य स्टेशनों से कई बार इसे प्रस्तुत किया। परन्तु मैं रमेश के उत्साह का सहभागी नहीं बन सका। मुझे हर बार सुनने पर लगा कि नाटक में चरित्रों का वह सन्तुलन नहीं है जो कि होना चाहिए था। संवादों में भी अपेक्षित से अतिरिक्त कुछ था जो मुझे खटकता था, हालाँकि रमेश

को उस 'अतिरिक्त कुछ' का ही अधिक मोह था। उसका आन्तरिक संस्कार जिसे नाटक की सबसे बड़ी सफलता मानता था, वही मेरी दृष्टि में नाटक की सबसे बड़ी दुर्बलता थी। नाटक का निश्चित अन्त—नन्द का बौद्ध धर्म स्वीकार करके भिक्षा के लिए अपने घर के द्वार पर आना—मुझे एक आरोप-सा लगता था। नन्द की यह परिणति अधिक 'ऐतिहासिक' और **सौन्दरनन्द** के अधिक अनुकूल थी, परन्तु मुझे लगता था कि मैंने नन्द को अपने लिए अवकाश न देकर पहले से तैयार किए गए एक साँचे में ढाल दिया है। इस विषय में रमेशपाल का मुझसे जो मतभेद उन दिनों था, वह आज भी है। उसकी अब भी यह धारणा है कि बाद में नए रूप में लिखकर मैंने नाटक के साथ अन्याय किया है। जो बात **रात बीतने तक** में थी, वह इसमें नहीं है, सन् तिरसठ में **लहरों के राजहंस** का प्रकाशन होने पर उसने कहा था। नाटक को आज के रूप में पढ़कर उसकी क्या प्रतिक्रिया होगी, मैं नहीं कह सकता।

रमेश की अब तक जो प्रतिक्रिया रही है, उसका कारण समझ में आता है। एक रचना के साथ हर पाठक की अपनी एकात्मकता स्थापित होती है, इसलिए उसमें किसी तरह का परिवर्तन कर दिए जाने से उसे लग सकता है कि उसकी अपनी किसी चीज़ को विकृत कर दिया गया है। एक नाट्य-कृति के साथ उसके परिचालक का सम्बन्ध और गहरा होता है, इसलिए वहाँ यह अनुभूति और तीव्र हो सकती है। **रात बीतने तक** रमेशपाल का प्रिय नाटक रहा है—उसका **लहरों के राजहंस** के रूप में ढल जाना उसे स्वीकार्य नहीं हुआ, इसमें मुझे आश्चर्य नहीं है। एक और स्तर पर यही स्थिति **लहरों के राजहंस** के उन पाठकों की रही है जिन्हें बाद में तीसरे अंक में किए गए परिवर्तन स्वीकार्य नहीं लगे। उनकी उलझन का अनुमान मैं लगा सकता हूँ, परन्तु अपनी जिस उलझन के कारण मैंने बार-बार इसमें परिवर्तन किए हैं, उसका ठीक-ठीक अनुमान उन्हें नहीं है।

सन् तिरसठ में यह नाटक जिस रूप में प्रकाशित हुआ, उसका लिखना **आषाढ़ का एक दिन** से पहले शुरू किया जा चुका था। तब तक अपने मन की एक बाधा पर मैंने काबू पा लिया था। अपने वर्तमान की संगति में ऐतिहासिक सन्दर्भ का किस रूप में उपयोग किया जा सकता है, यह बात तब तक मन में स्पष्ट होने लगी थी—विशेष रूप

से इन दो कथानकों को लेकर जो बहुत दिनों से 'आषाढ़स्य प्रथम दिवसे' तथा 'तरंस्तरंगेष्विव राजहंसः' इन दो पंक्तियों के रूप में मन में थे। **आषाढ़ का एक दिन** सन् अट्ठावन के मार्च-अप्रैल के महीनों में लिखा गया था। **लहरों के राजहंस** को पहले पूरा नहीं किया, क्योंकि पहले के हर प्रयत्न से असन्तुष्ट रहने के कारण लगा कि फिर से इसी में जुटने से बेहतर होगा दूसरे नाटक को पहले लिख लेना। **आषाढ़ का एक दिन** के भी तीन चरित्र पहले से मन में स्पष्ट थे। **मेघदूत** पढ़ते हुए मुझे लगा करता था कि वह कहानी निर्वासित यक्ष की उतनी नहीं है जितनी स्वयं अपने आत्मा से निर्वासित उस कवि की, जिसने अपनी ही एक अपराध-अनुभूति को इस परिकल्पना में ढाल दिया है। उस अपराध-अनुभूति के सम्बन्ध में सोचते हुए जो तीन चरित्र मुझे मिले थे, वे थे मल्लिका, अम्बिका और विलोम। कालिदास का चरित्र तो केन्द्र में था ही। इनके अतिरिक्त शेष सब पूरक चरित्र हैं जिनकी सृष्टि नाटक लिखते समय हुई है। जून अट्ठावन में **आषाढ़ का एक दिन** प्रकाशित हुआ। प्रकाशन के साथ ही उसके सम्बन्ध में जो प्रतिक्रियाएँ प्राप्त हुईं, उन्होंने जहाँ और नाटक लिखने का आत्मविश्वास मुझे दिया, वहाँ पहले से आरम्भ किए इस नाटक को लेकर मन में एक कुंठा भी भर दी। मैं दो वर्ष तक इसे लिखना चाहकर भी आज से कल पर टालता रहा।

इसके बाद सन् साठ और इकसठ में यह नाटक दो बार अधूरा लिखा गया। पहली बार रायसन (कुल्लू) में और दूसरी बार गुलमर्ग में। दोनों बार अपनी व्यक्तिगत परिस्थितियों के दबाव के कारण मैं इसे पूरा नहीं कर पाया। मेरे साथ यह एक निजी कठिनाई है कि किसी भी रचना को एक बार अधूरा छोड़कर मैं बाद में उसे वहाँ से आगे नहीं लिख पाता—यदि समय का अन्तराल दो-चार दिन से अधिक का हो, तो अगली बार मुझे फिर से नए सिरे से शुरू करना पड़ता है। और भी कई रचनाओं के साथ ऐसा हुआ है, इस नाटक के साथ तो विशेष रूप से होता रहा है। सन् बासठ के आरम्भ में यदि **सारिका** का सम्पादन-कार्य हाथ में न लेता, तो एक बार फिर इसे पूरा करने का प्रयत्न करता। परन्तु वह पूरा साल नौकरी में निकल गया और इसे

फिर से उठाया सन् तिरसठ के अप्रैल महीने में—नौकरी छोड़ने के कुछ दिन बाद।

जिस रूप में नाटक प्रकाशित हुआ, उस रूप में यह दो अप्रैल से बारह अप्रैल के बीच कुल ग्यारह दिनों में लिखा गया था। कुफ़्री में। लिखने के साथ-साथ दस-दस पन्ने मुद्रण के लिए दिल्ली भेजता जा रहा था। यह प्रक्रिया इसलिए अपनाई थी कि एक बार लिख लेने के बाद अपने को फिर से सोचने का मौका नहीं देना चाहता था। तेरह तारीख को मुझे वापस दिल्ली पहुँचना था, क्योंकि उस दिन से कमलेश्वर को **नई कहानियाँ** का सम्पादन-कार्य सँभालना था और उसका आग्रह था कि लिंक हाउस में होनेवाले उस दिन के आयोजन में मैं अवश्य उपस्थित रहूँ। कमलेश्वर के **नई कहानियाँ** का कार्य सँभालने का निर्णय मेरे शिमला पहुँचने के बाद वहीं ओमप्रकाश और कमलेश्वर के साथ-साथ आने पर हुआ था—एक रेस्तराँ में दोपहर का खाना खाते हुए अचानक। उससे पहले दिल्ली में कमलेश्वर इनकार कर चुका था, इसलिए चलते समय यह स्थिति सामने नहीं थी। उसके बाद ही मैं कुफ़्री गया था हालाँकि शिमला में पन्द्रह रोज़ पहले से था। मुझे विश्वास था कि मैं ग्यारह-बारह दिनों में नाटक का काम पूरा कर लूँगा—छः-सात दिन चाहिए थे पहले के लिखे अढ़ाई अंकों को फिर से लिखने के लिए और चार-पाँच दिन शेष अंश पूरा करने के लिए।

हिमाचल गवर्नमेंट विंटर स्पोर्ट्स क्लब, कुफ़्री। एक बैरा, एक ख़ानसामा, एक जमादार और मैं। मैं क्लब के तीन नम्बर कमरे में था, शेष दोनों कमरे खाली थे। बर्फ़ काफ़ी पिघल चुकी थी, इसलिए शीइंग का सीज़न कुछ जल्दी समाप्त हो गया था। इक्का-दुक्का लोग सिर्फ़ घूमने के लिए शिमला से आते थे और बाहर रेस्तराँ में कॉफ़ी या बियर पीकर लौट जाते थे। सारे क्लब में सिर्फ़ एक ही इनडोर गेम उस समय चल रहा था और खेलनेवाला था अकेला मैं। सुबह उठते ही कागज़ों की बिसात बिछ जाती थी और मैं नन्द तथा सुन्दरी को उनकी कल की स्थिति से आगे बढ़ाने की चिन्ता में डूब जाता था। इन दोनों के अलावा एक ही गोट और थी जो मुझे परेशान करती थी—श्यामांग। नन्द और सुन्दरी की दिशा और परिधि तो कम-से-कम स्पष्ट थी, इस गोट के लिए तो

जैसे खेल के नियम ही अभी निर्धारित होने रहते थे। पहले अंक से उसे हटाने का प्रयत्न किया, तो हटा नहीं सका। दूसरे अंक में उसके लिए स्थान बनाना चाहा, तो वह भी नहीं बना सका। एक दोपहर अपने प्रत्यन से थककर तिब्बत रोड पर दूर तक घूमने निकल गया। कचर-कचर कच्ची बरफ़ और उसे काटते ट्रकों और बसों के पहिए। कभी एकाध जीप। गाँव के लोग—चलते हुए भी स्थिर से नज़र आते। कभी किसी की आँखों में हल्की उत्सुकता, अन्यथा वह भी नहीं। रास्ते की मैली बरफ़ में धूप के झिलमिल रंग और ठंडी हवा। घाटी और पहाड़ी की उजली बरफ़ पर कई दिन पहले की शीइंग के फैले-फैले निशान। छतनार देवदार और बरफ़ में से झाँकती एक स्याह ठूँठ टहनी। आसपास की सारी हरी-भूरी सफ़ेद व्यवस्था से अलग, उस सारे परिदृश्य में बाधा डालती, फिर भी उस परिदृश्य की सम्पूर्णता के लिए अनिवार्य। एक हल्की सी चेष्टा से उसे वहाँ से उखाड़ा जा सकता था, परन्तु...।

मैं क्लब की तरफ़ लौटा, तो भी दिन अभी काफ़ी बाकी था। लौटते हुए कई जगह रुककर उस पीछे छूटी टहनी को अलग-अलग कोणों से देखा। हर कोण से वह उतनी ही असंगत लगी फिर भी उतनी ही अनिवार्य। सड़क का वह मोड़ मुड़ आने पर भी, जहाँ से कि वह दिखाई नहीं दे सकती थी, उसका आभास मन में बना रहा। लगता रहा कि आगे का वह सारा परिदृश्य भी, जिसमें कि वह नहीं है, उस आभास के कारण ही पूरा है। क्लब में लौटकर मैं सीधा अपनी लिखने की चौकी पर नहीं गया। काफी देर बाहर रेस्तराँ में बैठा रहा। शिमला से आए कुछ अजनबियों के साथ बात करता रहा। उन लोगों के चले जाने पर भी वहाँ से नहीं उठा। सात-आठ बजे तक बियर पीता रहा। उसके बाद जाकर दूसरा अंक फिर से लिखना शुरू किया।

श्यामांग अब एक व्यक्ति नहीं रहा। एक आभास में बदल गया।

नौ तारीख़ हो गई थी। पहले के लिखे अढ़ाई अंक तब तक फिर से लिख लिये थे। परिवर्तन इतना हो गया था कि पहले के लिखे के साथ उसका बहुत कम मिलान रह गया था।

नन्द भिक्षु-वेश में सुन्दरी के कक्ष में लौट आया था। भिक्षु आनन्द उसे हतप्रभ करके वहाँ से चला गया था। नन्द बौखलाकर पीछे से कह

रहा था, "कौन है वह दूसरा व्यक्ति ?...कौन है वह जिसे मैंने रोक रखा है ?"

रात हो गई थी। मैं बहुत थक गया था।

कक्ष में अँधेरा था। सुन्दरी को अभी जागना था।

मैंने बिसात उठा दी। सुन्दरी को झूले में सोये और नन्द को द्वार पर खड़े छोड़कर मैं बिस्तर में जा लेटा।

अब ?

मैं फिर उस स्थल पर पहुँच गया था जहाँ पहले दो बार नाटक को छोड़ चुका था।

रात को देर तक सिगरेट फूँकता जागता रहा। दस, ग्यारह, बारह। बारह तारीख को हर हालत में वहाँ से चल देना होगा। तभी तेरह को दिल्ली पहुँचा जा सकेगा।

परन्तु सुबह बिसात की गोटें कैसे चलेंगी ? नन्द द्वार के पास से लौटकर क्या करेगा ? सुन्दरी कब जागेगी ? उसके जागने के बाद क्या होगा ?

आखिर नींद आ गई। सुबह उठने पर मन इतना अस्थिर था कि बिसात बिछाकर नहीं बैठा। जो पहली बस मिली, उसमें शिमला चला गया।

शिमला में एक परिचित के यहाँ चाय पीते हुए कागज़ पर कुछ नोट्स लिखे। मगर खाना खाया जा सके, इससे पहले ही वहाँ से उठ खड़ा हुआ। बहुत अनुरोध किए जाने पर भी एक घंटा और नहीं रुका। मगर मोटर-स्टैंड पर आकर सवा तीन बजे तक वापसी की बस नहीं मिली। उस बस से कुफ्री पहुँचा लगभग साढ़े चार बजे। खयाल था पहुँचते ही रात तक तीसरा अंक पूरा कर दूँगा। मन में नन्द को लेकर जो संशय और प्रश्न था, उसे नन्द पर ही लाद देने का निश्चय कर लिया था। आगे की दिशा सोचने का दायित्व अब मुझ पर नहीं, नन्द पर था। हाथ के कागज़ पर लिखी एक पंक्ति को बार- बार पढ़ रहा था, "अस्तित्व और अनस्तित्व के बीच मेरी चेतना को एक प्रश्नचिह्न...केवल एक प्रश्नचिह्न बनाकर छोड़ दिया गया है।" सोच रहा था कि बस यही नन्द है...एक प्रश्नचिह्न...और यही उसकी परिणति। इस परिणति के आगे...केवल तीन बिन्दु।

कमरे में पहुँचा, तो पलंग पर एक इनलैंड रखा था जो पीछे डाक

से आया था। जल्दी से खोलकर उसे पढ़ गया। 'बस इतना ही तो समझ पाते हैं आप लोग !'

पत्र में और भी कुछ था जिसे पढ़कर मन बहुत उदास हो गया। उस रात लिखना नहीं हो सका। लौटने के वक़्त से ही बारिश शुरू हो गई थी। सारी रात बारिश होती रही। मैं देर तक बुखारी की आग तापता बारिश की आवाज़ों को सुनता रहा।

फिर सुबह। फिर वही बिसात। नन्द गवाक्ष के पास से हट आया। "जानता हूँ तुम्हारा क्या उत्तर होता...।"

तेरह की सुबह दिल्ली पहुँच गया। तीसरा अंक पूरा कर लिया था। परन्तु पूरा करने के बाद एक बार पढ़ने का भी अवसर नहीं मिला था। तेरह से सोलह तक दिल्ली में रुककर सत्रह को ग्वालियर चला गया। वहाँ से इलाहाबाद होता हुआ जब तक लौटकर दिल्ली आया, अब तक नाटक छप चुका था।

आषाढ़ का एक दिन के बाद दूसरा नाटक—**लहरों के राजहंस।**

नाटक की प्रतियाँ ?

मई, जून, जुलाई। किसी को नाटक की प्रति नहीं दी।

"नाटक छप तो गया है न ?" मित्र संशय के साथ पूछते।

"हाँ।"

"तो उसकी प्रति...?"

"वह अभी नहीं दूँगा।"

"क्यों ?"

"मुझे कवर पसन्द नहीं है। ओमप्रकाश से कवर बदलने के लिए कहा है। नया कवर तैयार होते ही...।" आँखों के गम्भीर विनिमय। मुस्कुराहटें। "तो क्या सिर्फ़ कवर के लिए ही...?"

"मैं बम्बई जा रहा हूँ। वहाँ किसी आर्टिस्ट से अच्छा सा कवर बनवाकर लाऊँगा।"

"तो कब तक ?"

"देखो। शायद अगले महीने तक।"

दो महीने बा़द ओमप्रकाश से एक झड़प।

"तुमने नाटक रिलीज़ कर दिया ?"

"हाँ।"

"बिना कवर बदले ही ?"

"हाँ।"

"लेकिन मैंने तुम्हें मना किया था।"

"अभी थोड़ी सी कापियाँ भेजी हैं। माँग आ रही थी।...कवर तो उसका बदलना ही है। पहली हज़ार प्रतियाँ निकल जाने दो। दूसरी हज़ार प्रतियों में बदल देंगे।"

"लेकिन मैंने तुमसे कहा था...।"

"मैं तुमसे कह रहा हूँ न ! तुम बता दो, तुम्हें कितनी प्रतियाँ चाहिए ?"

"मुझे एक भी प्रति नहीं चाहिए।"

"तुम्हें किसी को प्रति देनी नहीं है ?"

"नहीं।"

"क्यों बच्चों की तरह ज़िद करते हो ? मैंने तुमसे कहा है न कि...?"

"मैंने भी तुमसे कहा है न कि...मुझे एक भी प्रति नहीं चाहिए।"

एक साल, दो साल, तीन साल। पहली आवृत्ति, दूसरी, तीसरी। सब उसी कवर में। इलाहाबाद में 'प्रयाग रंगमंच' की ओर से नाटक पहले साल ही खेल दिया गया था। उसके बाद दो-एक जगह और। दूसरे साल से श्यामानन्द जालान 'अनामिका' की ओर से कलकत्ते में प्रस्तुत करने की सोच रहे थे। उनके कई पत्र आए थे। पत्रों के उत्तर लिख दिए थे।

पत्र-१ १० ओल्ड पोस्ट ऑफ़िस स्ट्रीट, कलकत्ता

२१ अगस्त, '६५

प्रिय राकेशजी,

...इस बीच, यदि आप निम्नलिखित सन्दर्भों में अपने विचार कृपया

भेज सकें तो मैं कृतज्ञ होऊँगा :

(१) श्यामांग क्या है ? क्या सचमुच वह पागल हो जाता है ? यदि ऐसा है तो किस निश्चित स्थल पर वह पागल होता है ? आप उसके माध्यम से क्या कहना चाहते हैं ?

(२) राजहंस और लहरों का क्या महत्त्व है ? वे किस भावना का प्रतिनिधित्व करते हैं ?

(३) सुन्दरी के चरित्र का क्या रूप है और नन्द तथा सुन्दरी का पारस्परिक सम्बन्ध क्या है ? क्या नन्द उससे डरता है ? क्या सुन्दरी सचमुच उससे प्रेम करती है या स्वयं अपने से ही ? मैं सुन्दरी के चरित्र के सम्बन्ध में आपसे भिन्न विचार रखता हूँ। वह अभिजात-वर्गीय स्त्री है। वह शीघ्र क्रोधित नहीं होती। वह न केवल शारीरिक रूप से अपितु वार्तालाप तथा भावनाओं के नियन्त्रण में भी सौन्दर्य का प्रतिनिधित्व करती है। मैं उसे अत्यन्त आकर्षक तथा स्पृहणीय चित्रित करना चाहता हूँ।

(४) मृग की मृत्यु के वृत्तान्त से आप क्या कहना चाहते हैं ? यह प्रसंग नन्द को किस रूप में प्रभावित करता है ?

(५) नन्द, बुद्ध के पास क्यों जाता है ? क्या उसके पीछे कोई चिन्तन भावना है अथवा मात्र एक अवचेतन प्रेरणा ?

(६) नाटक का अन्त अत्यन्त प्रतीकात्मक है और इस सम्बन्ध में आपके सुझाव हमारी बड़ी सहायता करेंगे। उदाहरण के रूप में, मैं जानना चाहूँगा कि नन्द क्यों मुंडन करवाता है ? उसके केश किस भावना का प्रतिनिधित्व करते हैं और अन्त में वह क्यों घर छोड़कर चला जाता है ? फिर भिक्षु आनन्द क्यों आता है ? उसके आगमन का क्या उद्देश्य है ? नाटक के अन्त में सुन्दरी क्यों बोलती है ?

मैं नन्द का अभिनय कर रहा हूँ और जिस लड़की ने १९६१ में प्रियंगु मंजरी का अभिनय किया था वह सुन्दरी का अभिनय कर रही है (आपने उसे नहीं देखा है, क्योंकि १९६० में वही अभिनय दूसरी लड़की ने किया था)। मैं नन्द के दो-एक कथनों से सहमत नहीं हो पाता। वे सच नहीं लगते, और मुझे लगता है, वह झूठ बोल रहा है।

मैं यहाँ इतना और जोड़ देना चाहता हूँ कि आपके विचार केवल हमारी सहायता करेंगे, हमें बाँधेंगे नहीं। आशा है, आप इस बात को अन्यथा नहीं लेंगे। मैं इस नाटक को उसी रूप में ग्रहण करूँगा और

प्रदर्शित करूँगा जिस रूप में यह मुझे प्रभावित करता है, न कि उस रूप में जिसमें आपने इसे प्रस्तुत किया है। किन्तु मैं आपको अच्छी तरह समझना चाहता हूँ और जहाँ तक सम्भव हो आपके साथ समझौता करके ही चलना चाहता हूँ।

शुभ कामनाओं सहित,

आपका

श्यामानन्द जालान

पत्र-२ द्वारा : द पोस्ट मास्टर, कुफ्री, वाया-शिमला

२५ अगस्त, '६५

प्रिय भाई,

...आपके प्रश्नों पर बहुत विस्तार से तो नहीं लिख पाऊँगा। इधर डॉ. सुरेश अवस्थी ने नाटक की एक भूमिका लिखी है। उनसे काफी बार बातचीत हुई है। कुछ प्रश्नों का उत्तर शायद उनकी भूमिका से मिल जाए। उन्हें पत्र लिख रहा हूँ कि भूमिका की एक प्रति आपको भेज दें।

संक्षेप में आपके प्रश्नों के सम्बन्ध में मुझे जो कहना है, वह इस प्रकार है :

(१) श्यामांग एक प्रतीक-चरित्र है। एक तरह से वह नन्द के मन की संकुलता को ही रेखांकित करता है। उसका उन्माद बहुत सोचनेवाले मन का सम्भ्रम है। छाया, प्रतीक रूप से उस परोक्ष की छाया है जिसके चेतन से वह बचना चाहता है। आरम्भ में, अलका और श्यामांग का प्रेम स्त्री और पुरुष के बीच की भावना के दूसरे स्तर को प्रस्तुत करता है—नन्द और सुन्दरी के आवेशपूर्ण वासनात्मक प्रेम से अलग। दूसरे अंक में श्यामांग का स्वर केवल प्रतीक रह जाता है जो नन्द के अन्तर्मन के सम्भ्रम को ही व्यक्त करता है।

(२) राजहंस, नन्द और सुन्दरी के समानान्तर हैं—लहरें उनकी परिस्थितियाँ हैं।

(३) सुन्दरी नन्द से वास्तव में बहुत प्रेम करती है, पर इस प्रेम में गहरा आत्मविश्वास भी है जिसका पोषण सुन्दरी के जीवन-दर्शन से

होता है। नाटक का मूल द्वन्द्व पार्थिव और अपार्थिव मूल्यों का द्वन्द्व है। सुन्दरी, पृथ्वी के प्रतीक में, पुरुष और उसकी चेतना को अपने तक बाँधे रखना चाहती है—पुरुष बँधना चाहकर भी उससे ऊपर उठना, एक अपार्थिव जिज्ञासा में अपने लिए उपलब्धि ढूँढ़ना चाहता है। बुद्ध पार्थिवता को तिलांजलि देकर उस उपलब्धि की ओर जाते हैं—नन्द तिलांजलि नहीं दे पाता, नहीं देना चाहता। उसकी खोज है पार्थिवता के अन्दर से अपार्थिव को पाने की। इसलिए वह संशयग्रस्त है, एक प्रश्नचिह्न है।

सुन्दरी के सम्बन्ध में आपने और जो कुछ लिखा है, उस पर बहुत बात हो सकती है, पर आप अपने इंटरप्रेटेशन के लिए स्वतन्त्र हैं।

(४) मृग का प्रकरण एक संकेत के लिए लाया गया है। जीवित रहने के लिए संघर्ष करता हुआ भी वह 'अपनी ही कलान्ति से' मर जाता है। यह परिणति मृग की ही नहीं, किसी की भी हो सकती है—नन्द की दृष्टि से उसकी भी।

(५) नन्द का बुद्ध के पास जाना वास्तव में अपने ही मन की चुनौती के कारण है। साथ ही अन्दर के संशय और द्वन्द्व के कारण। वह भीरु बनकर बुद्ध से छिपा नहीं रहना चाहता। उसे तब तक विश्वास है कि वह बुद्ध के पास जाकर भी बिना परिवर्तित हुए वापस आ सकता है। इसमें अवचेतन रूप से बुद्ध का प्रभाव भी उसे खींचता है।

(६) नन्द का केश मुँड़ा लेना, फिर व्याघ्र से युद्ध करना, फिर लौट आना, फिर चले जाना—यह सब उसके संशय और अन्तर्द्वन्द्व को प्रकाशित करता है। उसकी स्थिति अन्त तक 'तरंगों पर तैरते राजहंस' की रहती है। सुन्दरी और बुद्ध दो व्यक्ति या व्यक्तित्व नहीं, दो जीवन-दृष्टियाँ, या दो Vital forces हैं जिनके प्रभाव में उसका मन निरन्तर आन्दोलित है। अन्त में उसके घर से चले जाने का कारण उसकी वितृष्णा है जो सुन्दरी की बात ठीक से न समझ पाने के कारण पैदा होती है। सुन्दरी का क्षोभ उसके केशहीन रूप के कारण नहीं, इस कारण से है कि नन्द ने उस मात्रा में उसके विश्वास को खंडित किया है—जबकि नन्द उसका अर्थ यही लेता है कि उसे मुंडित रूप में देखना ही सुन्दरी को सह्य नहीं हुआ। इसीलिए सुन्दरी अन्त में कहती है, 'इतना ही तो समझ पाते हैं ये !' पार्थिव और अपार्थिव के संघर्ष में नारी की पुरुष से यह सामान्य शिकायत है। इसके ऊपर आते हैं श्यामांग

के शब्द। इस तरह नाटक का अन्त एक द्वन्द्व की स्थिति में होता है—किसी परिणाम पर पहुँचकर नहीं। भिक्षु आनन्द का उपयोग नन्द के साथ आए बुद्ध के प्रभाव के रूप में है। इस चरित्र के सम्बन्ध में और कई बातें हैं जो साथ बैठकर ही स्पष्ट करने की कोशिश कर सकता हूँ।

थक गया हूँ। इसलिए इतना ही।

आपका

मोहन राकेश

पत्र-३ १० ओल्ड पोस्ट ऑफिस स्ट्रीट, कलकत्ता-१

१४ सितम्बर, '६५

प्रिय राकेशजी,

मैंने डॉक्टर अवस्थी की टिप्पणी देखी। उससे मुझे विशेष सहायता नहीं मिली और कुछ स्थलों पर मैं उनसे असहमत हूँ।

द्वितीय अंक में सुन्दरी नन्द से पूछती है कि क्या वह उस समय बुद्ध के विषय में सोच रहा था जब दर्पण टूटा था। नन्द अस्वीकार करता है। क्यों ? क्या इसलिए कि वह सुन्दरी को चोट नहीं पहुँचाना चाहता ? मैं सुन्दरी के उस अन्तिम कथन के महत्त्व के बारे में भी आश्वस्त नहीं हूँ जहाँ वह कहती है, 'इतना ही तो समझ पाते हैं ये लोग !' इसका वास्तविक महत्त्व क्या है ? मैं सम्भवतः आपको बहुत परेशान कर रहा हूँ, किन्तु मैं विवश हूँ।

शुभ कामनाओं सहित !

आपका

श्यामानन्द जालान

पत्र-४ आर-५२२, न्यू राजेन्द्र नगर, नई दिल्ली-५

१७ सितम्बर '६५

प्रिय भाई श्यामानन्द,

पत्र मिला।

(१) दूसरे अंक में सुन्दरी बुद्ध का नहीं, यशोधरा का ज़िक्र करती

है। वह पूछती है, 'आप उनकी बात नहीं सोच रहे थे ?' और बाद में कहती है, 'जिन्होंने आज भिक्षुणी के रूप में दीक्षा ग्रहण की है।' नन्द इसे उसके मन का 'भ्रम' बताता है और आगे चलकर कहता है, 'मैं तो नहीं, पर लगता है यह बात तुम सोच रही थीं।'

यहाँ संकेत यशोधरा के प्रति सुन्दरी के भाव की ओर है। यशोधरा को लेकर उसके मन में कहीं कटुता है (शायद स्पर्धा भी)। यशोधरा के भिक्षुणी बनने के दिन ही कामोत्सव का आयोजन इसका प्रमाण है और पहले यशोधरा के सम्बन्ध में कहे गए उसके कुछ वाक्य भी। नन्द इस बात को जानता है इसीलिए पहले अंक में 'गया था देवी यशोधरा से मिलने' कह चुकने के तुरन्त बाद उसे यह कहने की आवश्यकता महसूस होती है, 'उन्होंने बुला भेजा था।'

नन्द सुन्दरी की बात को (कि वह यशोधरा के भिक्षुणी रूप में द्वार पर आने के विषय में सोच रहा था) 'भ्रम' इसलिए भी बताता है कि वह वास्तव में 'यशोधरा' के नहीं, 'बुद्ध' के सम्बन्ध में सोच रहा था और उससे भी ज्यादा अपने मन के अस्तित्व-सम्बन्धी प्रश्नों में उलझा था।

(२) दूसरी बात के सम्बन्ध में पहले भी लिख चुका हूँ। उसका संकेत स्त्री और पुरुष के आधारभूत दृष्टि-भेद और उससे पैदा होनेवाले संघर्ष की ओर है। व्याख्या शायद यूँ की जा सकती है–'इतना ही तो समझ पाते हैं ये लोग, इतना ही तो उनकी समझ में आ पाता है' कि 'नारी का पुरुष से सम्बन्ध केवल आसक्ति का है जिसका कि मूल आधार उसका बाह्य आकर्षण है' कि–'केशहीन होकर लौटने के कारण ही (विरूप नज़र आने से) मैंने उनके सामने नहीं जाना चाहा, परन्तु वे नहीं समझ पाए कि उन्होंने मुझे कहीं और चोट पहुँचाई है।' इस सम्बन्ध में सुन्दरी की एक पहले की पंक्ति याद कर लें : 'नारी का आकर्षण पुरुष को पुरुष बनाता है, तो उसका अपकर्षण उसे गौतम बुद्ध बना देता है।' नन्द का 'गौतम बुद्ध' बनकर लौटना या बनने की स्थिति को अस्थायी रूप से भी स्वीकार कर लेना सुन्दरी के 'अहं' पर, उसके विश्वास और आत्म-विश्वास पर, बहुत बड़ी चोट है। उसे खेद इसी बात का है कि नन्द इस 'चोट' को नहीं समझ पाया (कम से कम वह यही समझती है) और यह कहकर चला गया कि 'मैं अपने खोए हुए केश लाने जा रहा हूँ।'

बहरहाल, इस पर भी प्रश्न बने रहें, तो मैं फिर और स्पष्ट करने की चेष्टा करूँगा।

आपका

मोहन राकेश

लगता था मैं एक अपराधी हूँ। हर आलोचना या आलोचनात्मक पत्र मेरे ऊपर लगाया गया अभियोग है। मुझे जैसे भी हो, उस अभियोग का उत्तर देना है।

मैं शपथ खाकर कहता हूँ कि मैं जो कुछ कहूँगा, सच कहूँगा, पूरा सच कहूँगा, और सच के अतिरिक्त कुछ नहीं कहूँगा...।

दूसरों के हर प्रश्न का उत्तर मेरे पास है। नहीं है तो अपने ही कुछ प्रश्नों का उत्तर।

नन्द वापस आकर सुन्दरी का सामना क्यों नहीं कर पाता ?

वह अपने को दुर्बल महसूस करता है, तो क्यों ?

नन्द और श्यामांग में क्या तादात्म्य है ?

क्या यह तादात्म्य नाटक में स्पष्ट हो सका है ?

तं गौरवं बुद्धगतं चकर्ष, भार्यानुरागः पुनराचकर्ष।
सोऽनिश्चयान्नापि ययो न तस्थो तरंस्तरंगेष्विव राजहंसः।—
क्या नाटक व्यक्ति की इस परिणति को रेखांकित करता है ?

●●

समीक्षाएँ—दो छोर।

श्यामांग नाटक में क्यों है ?

श्यामांग के होने का महत्त्व इस बात में है कि...।

क्या सुन्दरी ने केवल केश कटे होने के कारण ही नन्द का तिरस्कार कर दिया ?

नाटक में नन्द के केश कटने का अर्थ यह है कि...।

नाटक के अन्त पर **आषाढ़ का एक दिन** के अन्त की छाया नहीं है...?

नाटककार ने नाटक का अन्त इस रूप में इसलिए किया है कि...।

मैं केवल इतना जानता हूँ कि कुछ ऐसा है जो इस नाटक में होना चाहिए था और नहीं है। वह क्या है, यह मेरे मन में स्पष्ट नहीं है। मुझे इसके लिए समय चाहिए—अपने और नाटक के बीच थोड़ा अन्तराल।

भिक्षु आनन्द चला गया है। नन्द गवाक्ष के पास खड़ा है...।

इसके बाद ?

इसके बाद ही तो समय चाहिए।

कितना समय ?

पता नहीं। और भी तो बहुत से काम हैं। और भी तो बहुत-कुछ लिखना है। एक मित्र को भिक्षु आनन्द के नन्द के साथ आने पर भी आपत्ति है। नन्द को लेकर तो आपत्ति है ही कि वह क्यों ऐसे ही वापस चला जाता है—बिना सुन्दरी से अपनी बात कहे या उसे अपने से कुछ कहने का अवसर दिए।

मेरे मन में भिक्षु आनन्द को लेकर कोई उलझन नहीं है। उसे इसी तरह आना है और नन्द को उत्तेजना के एक बिन्दु तक लाकर चले जाना है।

परन्तु नन्द को लेकर...?

●●

श्यामानन्द सितम्बर सन् पैंसठ में नाटक प्रस्तुत करने को थे। परन्तु हिन्द-पाक युद्ध के कारण बात टल गई।

अप्रैल सन् छियासठ। एक साहित्य-गोष्ठी के अवसर पर कलकत्ते में। गोष्ठी में पन्द्रह मिनट का भाषण। शेष समय मित्रों की उप-गोष्ठियों में या श्यामानन्द के साथ।

श्यामानन्द का विचार अब इस जुलाई में नाटक प्रस्तुत करने का था। रिहर्सल चल रहे थे। शिक्षायतन के एक कमरे में सेट का मॉडल हाथ में लिये हुए श्यामानन्द ने बताना शुरू किया कि उसमें वे क्या-क्या परिवर्तन करने की सोचते हैं...कि वेशभूषा की उनकी परिकल्पना क्या है...कि संगीत का एक-एक टुकड़ा किस दृष्टि से रिकॉर्ड किया गया है...।

यह सुन्दरी है...विनीता रेलिन। अलका है...चेतना तिवारी।... उसकी परीक्षा है, अभी खाली नहीं है। यह विमल लाठ...श्वेतांग। रणजीत मेहता...श्यामांग।

पहले अंक का रिहर्सल। अभिनेता कांशस हैं कि आज उन्हें नाटककार के सामने अभिनय करना है। सिवाय चेतना तिवारी के सब की आज परीक्षा है। परीक्षक है नाटककार।

परन्तु नाटककार को लग रहा है कि परीक्षा उसी की है। परीक्षक हैं वे सब लोग।

"रेडी !"

रिहर्सल शुरू होता है।

"तुम्हारी उलझन अभी समाप्त नहीं हुई ?"

"मुझे तुमसे ईर्ष्या होती है।"

"नो ! नो ! नो !" श्यामानन्द के हाथ हताश भाव से हिलते हैं। "ऐसे रिहर्सल करते रहे हो आज तक तुम लोग ? क्या हुआ है आज तुम्हें ?" और दोनों भूमिकाओं में श्यामानन्द स्वयं उतर आते हैं।

"तुम्हारी उलझन अभी समाप्त नहीं हुई ?"

"मुझे तुमसे ईर्ष्या होती है।"

"ऐसे...समझे ?...मने बिल्कुल ऐसे नहीं...कुछ-कुछ ऐसे...तुमने कल और परसों किया तो था...।...सो कम ऑन नाउ...।"

●●

विश्वम्भर सुरेका के यहाँ नीचे का कमरा। होटल से श्यामानन्द वहाँ लिवा ले गए थे। आधी रात तक बातचीत।

श्यामानन्द हाल ही में चार महीने अमरीका और यूरोप की 'थियेटर-वर्ल्ड' में घूमकर आए थे। जो कुछ वहाँ देखा-सुना था, उस सबका अतिरिक्त उत्साह मन में था। "जाने से पहले मैं सोचता था कि थियेटर में केन्द्रीय व्यक्ति परिचालक है। परन्तु अब मेरी धारणा है कि वास्तव में नाटककार ही केन्द्रीय व्यक्ति है। मैं चाहूँगा कि नाटक के प्रस्तुतीकरण से कम से कम तीन सप्ताह पहले आप यहाँ आ जाएँ। स्वयं उन दिनों नाटक के रिहर्सल देखें और अपने सुझाव दें। हम आपके सब सुझाव मान लेंगे, ऐसा नहीं...मने जहाँ हमारा आपसे मतभेद होगा, वहाँ हम आपको कन्विंस करने का प्रयत्न करेंगे। परन्तु आइडिया यह है कि हम लोग इसे एक सहयोगी प्रयास का रूप देने का प्रयत्न करें। मैं लन्दन में था, तो बैकेट के एक नाटक का रिहर्सल उन दिनों वहाँ चल रहा था। एक सीन को लेकर मेरा निर्देशक से कुछ मतभेद था।

मैंने उनसे बात की, तो वे बोले, "बट बैकेट वांट्स इट लाइक दैट।" मैं भी इस नाटक के प्रस्तुतीकरण में यह जानकर चलना चाहता हूँ कि नाटक के एक-एक दृश्य को लेकर आपकी अपनी परिकल्पना क्या है। हम उसे बिल्कुल स्वीकार कर लेंगे, ऐसा नहीं...मने हमारा प्रयत्न होगा कि नाटक को आपकी परिकल्पना के जितना निकट ला सकें, लायें। और कुछ नहीं, तो यह अपने में एक प्रयोग तो होगा ही। इस तरह काम करने में मुझे तो मज़ा आएगा ही...मेरा खयाल है आपके लिए भी यह एक अनुभव होगा। क्या ख़याल है ?"

●●

घर से यह कार्यक्रम बनाकर चला था कि कलकत्ता से दार्जिलिंग जाकर कुछ दिन वहाँ रहूँगा। रहने की जगह-अगह कोई ठीक नहीं की थी, हमेशा की तरह विश्वास था कि पहुँचकर कोई न कोई जगह तो मिल ही जाएगी। कलकत्ता छोड़ने के पहले श्यामानन्द से कह दिया था कि मैं जुलाई के शुरू में तीन सप्ताह के लिए वहाँ आ जाऊँगा। सोचा था कि मई-जून दो महीने दार्जिलिंग में रहकर अपना काम करता रहूँगा, फिर तीन सप्ताह कलकत्ता में रहकर जुलाई के अन्त में वापस दिल्ली पहुँच जाऊँगा।

कलकत्ता से एक माल ढोनेवाले हवाई जहाज़ में सिलीगुड़ी की तरफ़ उड़ते हुए मन में कुछ इस तरह का ग्राफ़ बन रहा था :

दार्जिलिंग में किसी सस्ते से होटल का एक कमरा...दस-बारह रुपए रोज़ तक का (खाना-वाना सब मिलाकर)...पहले एक सप्ताह में, या पन्द्रह दिनों में **लहरों के राजहंस** का तीसरा अंक। (कलकत्ता से चलते हुए श्यामानन्द से कहा था कि वे अभी पहले दो अंकों का ही रिहर्सल करें। तीसरा अंक मुझे नए रूप में लिखना है—नन्द और सुन्दरी के कन्फ्रंटेशन के साथ। वे उसकी प्रतीक्षा करें—मैं दस या बारह दिनों में वह उन्हें भेज दूँगा।)...उसके बाद डेढ़ महीने में एक छोटा उपन्यास...उपन्यास का अग्रिम भेजने के लिए प्रकाशकों को एक पत्र...बीच में गैंग्टाक और कैलिम्पांग की यात्रा...रोज़ शाम को सत्यजित के चित्र **कंचनजंघा** में देखी 'अकेली' सड़क की सैर...शाम की सैर के लिए एक हल्की बेंत...रोज़ किसी रेस्तराँ में अकेले चाय पीते हुए दार्जिलिंग की डायरी...लौटते हुए किराए के कैमरे से कुछ स्नैप-

शाट्स...वहाँ की नर्सरी से (जिसकी प्रशंसा कलकत्ते में सुनी थी) कुछ कैक्टस...(लेकिन कैक्टस जहाज़ में साथ कैसे लाए जा सकेंगे ?...फिर दिल्ली पहुँचने तक उन्हें ज़िन्दा कैसे रखा जा सकेगा ?)...हो सका, तो दिल्ली लौटने से पहले दो दिन के लिए शिलांग...।

●●

दार्जिलिंग पहुँचकर बहुत कोफ़्त हुई। किसी ने नहीं बताया था कि वह काफ़ी महँगा हिल-स्टेशन है और वहाँ बारह रुपए रोज़ में वैसी जगह नहीं मिल सकती जैसी कि मुझे चाहिए थी।

लेकिन मैंने पूछा किससे था ?

वहाँ से दूसरे-तीसरे दिन ही चल पड़ता, लेकिन गुणाकर मुले ने ठहरने की काम-चलाऊ व्यवस्था कर दी, इसलिए बारह-चौदह दिन रुक गया।

टाइप-राइटर खोल लिया। कुफ़्रीवाली बिसात फिर सामने बिछ गई।

तीसरा अंक शुरू से लिखना शुरू किया।

सुन्दरी और अलका। श्वेतांग। भिक्षु आनन्द के साथ नन्द। भिक्षु आनन्द चला गया। नन्द उसके पीछे-पीछे गवाक्ष तक। "...कौन है वह व्यक्ति ? कौन है वह दूसरा व्यक्ति जिसे मैंने रोक रखा है ?" फिर नन्द का एकालाप। "...तुम्हारा विशेषक सूख गया, इसका मुझे खेद है। इसे मैं अभी गीला किए देता हूँ।" नन्द का हाथ सुन्दरी के माथे की ओर। सुन्दरी अब जाग जाएगी। "नहीं, नहीं, नहीं...।"

परन्तु सुन्दरी जाग जाए, इससे पहले ही गुणाकर मुले के साथ कैलिम्पांग चला गया। वहाँ से लौटकर अगले दिन माउंटेनियरिंग इंस्टीट्यूट और चिड़ियाघर की सैर। उससे अगले दिन सुबह उठकर स्टेशन। लौटकर मुले को बताया कि ग्यारह तारीख की सीट बुक करा ली है। रेल से, वाया लखनऊ। तेरह मई की सुबह दिल्ली पहुँच जाऊँगा। उसे आश्चर्य नहीं हुआ। आठ-दस दिन में इतना तो उसने जान ही लिया था।

चलने से पहले 'अभी गीला किए देता हूँ' तक का अंश श्यामानन्द को पोस्ट कर दिया। लिखा कि शेष अंश दिल्ली से भेजूँगा। आठ-दस रोज़ के अन्दर।

●●

दिल्ली में घर में मेहमान टिके हुए थे। चौबीस-पचीस जून तक कुछ काम नहीं हुआ। श्यामानन्द के पत्र और तार आ रहे थे। आखिर तार दे दिया कि तीन जुलाई को पहुँच रहा हूँ। दो जुलाई की शाम तक नन्द और सुन्दरी को आमने-सामने खड़ा करके फिर किसी तरह तीसरा अंक पूरा कर दिया।

●●

कलकत्ता। एयरपोर्ट से फिर विश्वम्भर सुरेका के यहाँ।

रात। पहले नए नाटक के सम्बन्ध में बातचीत। ''आइडिया यह है कि...।''

श्यामानन्द ने तीसरे अंक का शेष अंश माँगा, तो कहा, ''अभी निकालता हूँ।''

फिर एक-दूसरे की आँखों में देखते हुए दोनों की हँसी।

''तो ?''

''बेहतर यह है कि मैं एक बार पहले अढ़ाई अंकों का पूरा रिहर्सल देख लूँ। वहाँ तक पूरी चीज़ दिमाग में सेट हो जाएगी, तो आगे का अंश दो दिन में लिखा जाएगा।''

श्यामानन्द की वह मुस्कुराहट जो आदमी को आश्वासन भी देती है और बेचैन भी कर देती है। साथ दार्शनिक अन्दाज़ में दो शब्द, ''ठीक है।''

फिर उस रात उस सम्बन्ध में कोई बात नहीं। केवल नन्द का एकालाप। ''क्यों मैंने जान-बूझकर आत्म-विनाश को निमन्त्रित किया, और फिर स्वयं ही आत्म-रक्षा के लिए उस तरह लड़ गया ? आत्म-रक्षा और आत्म-विनाश, इन दो प्रवृत्तियों के बीच में एक-साथ जिया—क्यों और कैसे ?...क्या उस तरह जीकर सुख मिला ? और क्या वह सुख की ही खोज थी जिसने उस तरह जीने के लिए विवश किया ?''

श्यामानन्द ने न जाने कितनी बार और कितनी तरह से अभिनय किया। मैं चुपचाप देखता रहा। अपने मन में साथ-साथ मैं भी कहीं वही अभिनय कर रहा था। एक-एक स्वर को तौल रहा था। कुछ देर बाद हम दोनों आमने-सामने खड़े थे और एक-एक पंक्ति को अलग-अलग से और साथ-साथ बोल रहे थे। ''मैं तुम्हारा या किसी का विश्वास

ओढ़कर नहीं जी सकता, नहीं जीना चाहता।...मैं पूछता हूँ कि जब होने-न होने में कोई अन्तर ही नहीं है, तो मेरे केश क्यों काट दिए ?"

रात के दो बज गए थे। शायद तीन। हम दोनों किसी चीज़ के लिए व्याकुल थे जिसे हम ठीक से पकड़ नहीं पा रहे थे। मैं वह बात शब्दों से कहना चाहता था, श्यामानन्द स्वरों के उतार-चढ़ाव से, भाव-भंगिमाओं से। आख़िर होंठों को पानी से गीला करते हुए मैंने कहा, "रात बहुत हो गई है, श्याम !" श्याम कुछ देर असमंजस में रहा। शायद उसे लगा कि मैं सोना चाहता हूँ, इसलिए कह रहा हूँ। "बस एक-दो बार और।" उसने कहा और अभिनय नए सिरे से शुरू हो गया। "बातों को उलझाते क्यों हो, भिक्षु...?"

●●

एक नई जीवन-चर्या। रात को तीन या चार बजे सोना, सुबह ग्यारह बजे उठना। बारह बजे तक नाश्ता करके लिखने बैठ जाना। दो घंटे कागज़ों की बिसात पर अपने से द्वन्द्व। फिर नहाना, खाना खाना और खाली समय की ऊब मिटाने के लिए ब्लू फ़ाक्स के बार में जा बैठना। भुनी हुई मूँगफली, बियर और सिगरेट की डब्बी पर लकीरें। नन्द कहाँ है ? और सुन्दरी ? यहाँ। उसने अभी नन्द को नहीं देखा। ज्यों ही उसकी नज़र नन्द पर पड़ती है...। क्रास, क्रास, क्रास। लकीरों को काटती लकीरें। ऐसे नहीं। ऐसे भी नहीं।...ब्लू फ़ाक्स से वापस घर। साढ़े पाँच-छः बजे श्यामानन्द के साथ शिक्षायतन। रिहर्सल। उत्तरोत्तर बढ़ता मानसिक तनाव। अलका इस तरह क्यों झुकती है ? श्यामांग इस तरह क्यों बोलता है ? नौ बजे लौटकर खाना। फिर दो बजे तक श्यामानन्द और मैं।

●●

रिहर्सल गौण हो गया था। उसके लिए हम लोग जाते थे क्योंकि अभिनय की तिथियाँ बहुत पास आ रही थीं। दो-तीन घंटे वहाँ बिताने के बाद फिर वही आधी रात तक का कार्यक्रम जिसकी हम लोग दिन-भर प्रतीक्षा करते थे। वह सचमुच एक साझी खोज थी—नन्द और सुन्दरी की नियति की। बल्कि उससे भी आगे स्त्री और पुरुष की सामान्य नियति की। हर रात हमारा कार्यक्रम आरम्भ होता था नन्द के एकालाप से, "...बातों

को उलझाते क्यों हो, भिक्षु ? कौन है वह व्यक्ति ? कौन है वह दूसरा व्यक्ति जिसे मैंने रोक रखा है ?" लगता था कि नन्द की उस छटपटाहट में से ही आगे के सब सूत्र खोजे जा सकेंगे। हर गुज़रते दिन के साथ नन्द की आन्तरिक व्याकुलता के साथ श्यामानन्द का तादात्म्य बढ़ता जा रहा था। उन कुछ घंटों के लिए श्यामानन्द श्यामानन्द न रहकर अपनी नियति की खोज में छटपटाते एक व्यक्ति में बदल जाता था। मैं एक दर्शक की तरह उस व्यक्ति को देखता और उसके भविष्य का आभास पा लेने का प्रयत्न करता था। "उन्होंने केश काट दिए, तो क्या व्यक्ति-रूप में मैं अधिक सत्य हो गया ? जीभ काट देते, हाथ-पैर काट देते, तो क्या और अधिक सत्य हो जाता ? कौन कह सकता है कि भ्रान्ति वस्तुतः किसे है—उन्हें या मुझे ?" और इसी छटपटाते व्यक्ति को सुन्दरी के समक्ष खड़ा करने के लिए मैं शब्द ढूँढ़ता रहता। रात को श्यामानन्द के चले जाने के बाद भी कुछ देर शब्दों में उलझता रहता। दिन में उठकर फिर उसी खोज में डूब जाता। अगली शाम तक पन्द्रह-पन्द्रह ड्राफ्ट रद्द करने के बाद दस या पन्द्रह पंक्तियाँ लिखकर श्यामानन्द को दे देता। सम्भव होता, तो उस दिन के रिहर्सल में वे पंक्तियाँ शामिल कर ली जातीं। अभिनेता उत्सुक होते कि शायद आज पूरा रिहर्सल हो। लेकिन श्याम उतने के बाद हाथ झाड़ देता, "बाकी कल...मने कल भी अगर लिखकर आ गया तो !"

●●

नन्द और सुन्दरी अब आमने-सामने थे। अलका और श्वेतांग को सुन्दरी ने कक्ष से भेज दिया था। उन दोनों के बीच कोई नहीं था। नाटक के अन्त तक किसी के होने की सम्भावना भी नहीं थी। नन्द सुन्दरी से बहुत-कुछ कहना चाहता था। परन्तु सुन्दरी उसकी बात सुनने की मनःस्थिति में नहीं थी।

अब ?

क्या किसी तरह सुन्दरी नन्द की बात सुन सकेगी ? सुनकर स्वीकार कर सकेगी ? या अन्त तक उसका अस्वीकार नन्द के सामने एक चट्टान की तरह अड़ा रहेगा ?

नन्द एक बार अपने को उँडेल देने के बाद अब पहले की भूमि पर सुन्दरी के साथ नहीं रह सकता। तो वह किस बिन्दु पर वहाँ से जाएगा

और जाने से पहले उसके शब्द क्या होंगे ? ऐसे शब्द जिनसे उसकी व्याकुलता सुन्दरी के आग्रह पर भारी पड़ सके...उसे पराजित कर सके ?

एक, दो, तीन, चार ड्राफ़्ट। परन्तु सुन्दरी किसी भी तरह पराजित नहीं होती। वह मर सकती है, पराजय स्वीकार नहीं कर सकती।

●●

एक दिन के लिए लगा कि हल सूझ गया है। सुन्दरी की मृत्यु से समस्या हल हो सकती है। अजन्ता-चित्र 'मरणोन्मुख राजकुमारी' ने मन को इस दिशा में बढ़ावा दिया। दोपहर को श्यामानन्द को दफ्तर से बुलाकर यह बात उससे कही। शाम को रिहर्सल में इसकी घोषणा कर दी।

असहमत कोई नहीं हुआ, मगर देखा कि सबके चेहरे मुरझा गए हैं। सबकी आँखों में जैसे एक ही भाव था—सुन्दरी मर कैसे सकती है ?

'मरें आपके नन्द। सुन्दरी हरगिज़ नहीं मर सकती।' किसी की कही यह बात दूसरे दिन मुझ तक पहुँचाई गई। तब तक मैं भी कोशिश करके देख चुका था। श्यामानन्द रात-भर स्वरों के उतार-चढ़ाव से तब तक के संवादों में वह दिशा ले आने का प्रयत्न करके देख चुका था। परन्तु यह स्पष्ट था कि सुन्दरी हमारे प्रयत्न से केवल मरने का अभिनय कर सकती है, मर नहीं सकती। नाटककार और परिचालक दोनों उस चरित्र के हाथों पराजित होने के लिए विवश थे।

तो ?

रिहर्सल अब यहाँ पर रुका था, "...क्योंकि मैं यह भी हूँ और वह भी—इनमें से कोई एक नहीं जैसा कि तुम सब अलग-अलग से विश्वास करना चाहते हो कि मैं हूँ...।"

नाटक के अभिनय में तीन दिन रह गए थे।

●●

उस दिन रिहर्सल से लौटते हुए एक बात दिमाग़ में कौंध गई। क्या स्त्री और पुरुष की यह समक्षता ही उनकी वास्तविक परिणति नहीं ? उनका आमने-सामने होना और एक-दूसरे तक अपनी बात न पहुँचा पाना, यही उनकी वास्तविकता नहीं ?

लगा कि नन्द और सुन्दरी को इस परिणतिहीन परिणति से आगे किसी निश्चित अन्त तक ले जाने की बात ही ग़लत है। उस तरह की

परिणति नाटक को चाहे एक विराम-चिह्न तक ले जाए, परन्तु वह नन्द और सुन्दरी की वास्तविकता नहीं होगी।

मैंने कई डब्बी सिगरेट ख़रीद ली और लम्बे-लम्बे कश खींचता अपने कमरे में आ गया। कुछ देर बाद श्यामानन्द के आने पर यह बात उससे नहीं कही। सोचा कि कहीं ऐसा न हो कि सुबह तक यह धारणा भी बदल जाए। उस रात श्यामानन्द के साथ लम्बी बैठक नहीं हुई। शारीरिक और मानसिक थकान के कारण उसका मन जल्दी सो जाने का था। मुझे यह अच्छा ही लगा। श्यामानन्द के चले जाने के बाद एक बार अन्त तक के संवाद लिख डाले। अन्तिम स्थिति थी अपने-अपने प्रयत्न से निढाल स्त्री और पुरुष का हताश भाव से एक-दूसरे की आँखों में देखते रहना। फिर उसी हताशा में एक शब्द कहकर नन्द का चले जाना और सुन्दरी का उसकी पीठ को सम्बोधित करते हुए अन्त के शब्द कहना।

सुबह जल्दी उठकर उस हिस्से को फिर से लिखने में लग गया। शाम तक छः-सात बार लिखकर उसे निश्चित रूप दे दिया। अब रिहर्सल हिन्दी हाई स्कूल में नाटक के वास्तविक सेट पर ही हो रहे थे। जिस समय मैं वहाँ पहुँचा, सेट में कुछ परिवर्तन किए जा रहे थे। श्यामानन्द ने जिस तरह मेरी तरफ़ हाथ बढ़ाया, उससे लगा कि उसे आज भी शेष अंश मिल जाने की आशा नहीं है। मैंने काग़ज़ उसके हाथ पर रख दिए, तो उसने पूछा, ''कहाँ तक ?''

''अन्त तक,'' मेरे मुँह से यह सुनना ही था कि वह सेट का काम बीच में छोड़कर मुझे खींचता हुआ पीछे ग्रीन रूम में ले गया।

''सच ?'' काग़ज़ खोलते हुए उसने पूछा।

''देख लो, तुम्हारे हाथ में है।''

श्यामानन्द ने जल्दी-जल्दी अन्त तक पढ़ा और मुझे बाँहों में ले लिया। ''चलो अब दो दिन तो हम अन्त तक रिहर्सल कर ही सकते हैं।''

●●

पहली रात को मैंने नाटक हाल में बैठकर नहीं देखा। गहरे तनाव की स्थिति में एक पार्श्व खड़ा मंच की गतिविधियों और हाल में होनेवाली प्रतिक्रियाओं का जायज़ा लेता रहा। नाटक समाप्त होने तक माथे की

नसें फड़कती रहीं। उसके बाद चौथे दिन के अन्त तक मन सहज स्थिति में नहीं आ पाया।

●●

कलकत्ते में रहते और वहाँ से लौट आने पर बहुत से लोगों की प्रतिक्रियाएँ जानने को मिलीं। नाटक में किए गए परिवर्तनों को लेकर एक नया मतभेद शुरू हो गया था। एक वर्ग की निश्चित धारणा थी कि नाटक का वास्तविक अन्तर्द्वन्द्व इस नए रूप में ठीक से उभर सका है। परन्तु दूसरे वर्ग का विचार था कि नाटक अपने पहले रूप में भी उनके सामने खेला जाए, तभी वे ठीक से निर्णय दे सकने की स्थिति में होंगे। नाटक के प्रस्तुतीकरण के सम्बन्ध में भी दोनों तरह की दृष्टियाँ थीं। परन्तु दूसरे और चौथे दिन हॉल में बैठकर नाटक देखने के बाद मैं जिस निष्कर्ष पर पहुँचा था, वह यह था कि अपने वर्तमान रूप में नाटक के तीसरे अंक की पहले दो अंकों के साथ ठीक संगति नहीं रही। तीसरा अंक परिकल्पना और परिचालना दोनों दृष्टियों से पहले दो अंकों से काफ़ी अलग पड़ गया था। इसका कारण स्पष्ट था। अन्त के तीनों सप्ताह श्यामानन्द और मैं इस तरह तीसरे अंक के संयोजन में उलझे रहे थे कि पहले दोनों अंकों की ओर हमारा बहुत कम ध्यान गया था। तीसरे अंक के संयोजन तथा प्रस्तुतीकरण में जो कसाव था, वह पहले दो अंकों में नहीं था। इससे मैं अपने लिए इस नतीजे पर पहुँचा था कि मुझे अब तीनों अंक एक-साथ फिर से लिखने चाहिए; और श्यामानन्द इस नतीजे पर कि नए रूप में नाटक की पूरी पांडुलिपि हाथ में आ जाए, तो इसे बिल्कुल नए सिरे से प्रस्तुत करना चाहिए।

●●

कलकत्ते से लौटा, तो मन में एक ओर यह उत्साह था कि नाटक का तीसरा अंक आख़िर फिर से लिख लिया गया, पर दूसरी ओर यह उदासी भी कि मुक्त मैं अब भी इससे नहीं हो पाया—कि इसे एक बार और लिखना अभी उसी तरह शेष है जैसे कि कई वर्ष पहले था। अगस्त का महीना इस दुविधा में रहकर कि इसे फिर से अभी हाथ लगाऊँ या कुछ दिन बाद; आख़िर सितम्बर में इसे फिर से लिखने बैठ गया। इस बार जिस रूप में लिखा, उसी रूप में आज इसका प्रकाशन हो रहा है। इसी

रूप में जनवरी और फरवरी सन् सड़सठ में ओम् शिवपुरी ने नेशनल स्कूल ऑफ़ ड्रामा की ओर से इसे प्रस्तुत किया था। परन्तु फिर से इसमें न उलझ जाऊँ, इसके लिए इस बार अपना एक बचाव मैंने कर लिया था। ओम् शिवपुरी के कहने और चाहने पर भी मैं नाटक का रिहर्सल देखने नहीं गया। पहली रात अन्य दर्शकों की तरह जाकर तटस्थ दृष्टि से अभिनय देख आया। यों नाटक के सम्बन्ध में मतभेद और वाद-विवाद समाप्त हो गए हों, ऐसा अब भी नहीं। परन्तु मेरे लिए इतना अन्तर अवश्य आ गया है कि मैं अब अपने को इससे बाहर पाता हूँ। कुछ लोगों का अब भी आग्रह है कि नाटक का प्रकाशन पहले रूप में भी साथ होता रहना चाहिए। मैं इससे सहमत नहीं हूँ, क्योंकि इस सुझाव को स्वीकार करने का अर्थ होगा एक और सुझाव पर भी विचार करना—कि इन दो के अतिरिक्त क्या नाटक का एक तीसरा रूप भी नहीं हो सकता ? उस तरह तो अगले बीस वर्षों में और भी चार बार इसे चार तरह से लिखने का लोभ मन में आ सकता है...क्योंकि कोई भी रचना क्या ऐसी होती है कि व्यक्ति जीवन में कभी भी उसके रूप को निश्चित और अन्तिम मान सके ?

—मोहन राकेश

आर-५२२, न्यू राजेन्द्र नगर,
नई दिल्ली-५

लहरों के राजहंस

तं गौरवं बुद्धगतं चकर्ष
भार्यानुरागः पुनराचकर्ष।
सोऽनिश्चयान्नापि ययौ न तस्थौ
तरंस्तरंगेष्विव राजहंसः ॥
—अश्वघोष

पात्र

कर्मचारी	:	श्वेतांग
		श्यामांग
नन्द की पत्नी	:	सुन्दरी
दासी	:	अलका
गृहाधिकारी	:	शशांक
बुद्ध का सौतेला भाई	:	नन्द
नन्द का एक मित्र	:	मैत्रेय
दासी	:	नीहारिका
बुद्ध का शिष्य	:	भिक्षु आनन्द

स्थान, समय

अंक १

कपिलवास्तु। राजकुमार नन्द के भवन में सुन्दरी का कक्ष।

रात उतरने का समय।

अंक २

वही कक्ष। प्रत्यूष से कुछ पहले।

अंक ३

वही कक्ष। अगली रात।

ओम शिवपुरी निर्देशित रा.ना.वि. की प्रस्तुति

ओम शिवपुरी (नंद) और सुधा शर्मा (सुंदरी)

ओम शिवपुरी (नंद) और सविता बजाज (अलका)

ओम शिवपुरी निर्देशित रा.ना.वि. की प्रस्तुति

राजिन्दर नाथ निर्देशित 'दिशन्तर' की प्रस्तुति

कुलभूषण खरबंदा (नंद) और सुषमा सेठ (सुन्दरी)

राष्ट्रीय नाट्य विद्यालय रंगमंडल की एक और प्रस्तुति : निर्देशक कीर्ति जैन

जितेन्द्र शास्त्री (नंद) और सीमा विश्वास (सुन्दरी)

सीमा विश्वास (सुन्दरी), जितेन्द्र शास्त्री (नंद), अमितरंजन बैनर्जी (मैत्रीय) और कोरस

जितेन्द्र शास्त्री (नंद) और सीमा विश्वास (सुन्दरी)

श्यामानंद जालान निर्देशित 'अनामिका' (कलकत्ता) की प्रस्तुति

श्यामानंद जालान (नंद) और विनीता रोलिन (सुन्दरी)

अनामिका की प्रस्तुति

अनामिका की प्रस्तुति

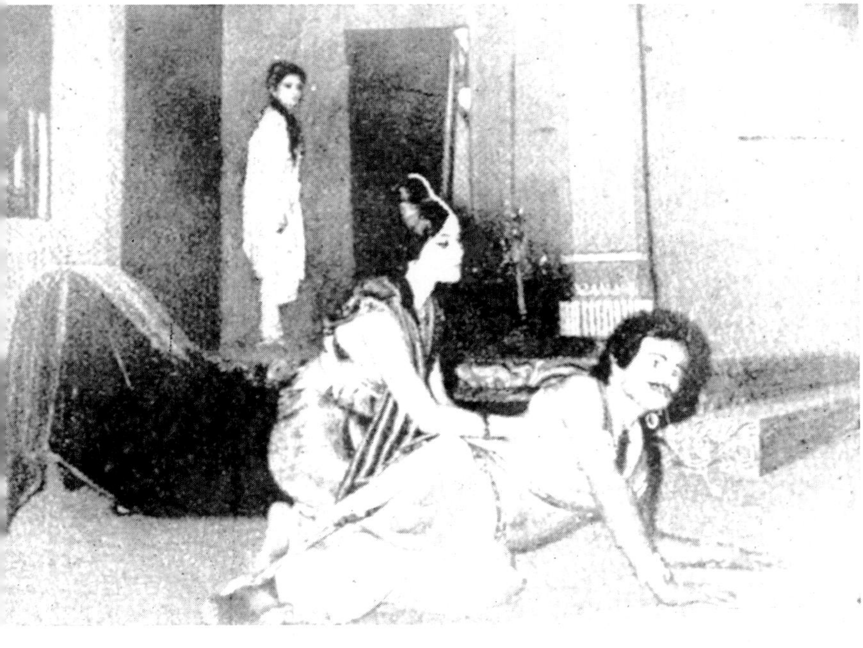

आलोकनाथ (नंद) : निर्देशक - फ़ैज़ल अल्काज़ी (रुचिका)

सुरेखा सीकरी (अलका) और मणि कोहली (नीहारिका
निर्देशक - राजिन्दरनाथ (दिशान्तर

'रूपांतर' (गोरखपुर) की प्रस्तुति में शम्भु तरफ़दार (नंद) और आभा धूलिया (सुन्दरी) : निर्देशक - गिरीश रस्तोगी

अंक : एक

परदा उठने पर अँधेरे में सुनाई देता समवेत स्वर :

धम्मं शरणं गच्छामि
संघं शरणं गच्छामि
बुद्धं शरणं गच्छामि।

प्रकाश होने पर राजकुमार नन्द के भवन में सुन्दरी का कक्ष। रात उतरने का समय।

सामने से देखने पर पीछे दाईं ओर चबूतरा, बाईं ओर झूला तथा एक मत्स्याकार आसन। आगे दाईं ओर मदिरा-कोष्ठ तथा बाईं ओर शृंगार-कोष्ठ। आगे और पीछे दो अलग-अलग भागों में दो दीपाधार। एक के शिखर पर पुरुष-मूर्ति–बाँहें फैली हुईं तथा आँखें आकाश की ओर उठी हुईं। दूसरे के शिखर पर नारी-मूर्ति–बाँहें सिमटी हुईं तथा आँखें धरती की ओर झुकी हुईं।

उद्यान का मार्ग बाईं ओर से। बाहर का मार्ग सामने से। सामने के द्वार से निकलकर गवाक्ष। कक्ष के अन्य भागों में जाने का मार्ग दाईं ओर से।

साज-सज्जा में कामोत्सव का स्पर्श। कई एक कर्मचारी फूल सजाने, कोष्ठों को व्यवस्थित करने तथा मुद्राएँ अंकित करने आदि में व्यस्त। श्यामांग पत्तियों के ढेर में उलझा हुआ तथा श्वेतांग अग्निकाष्ठ से दीपक जलाता हुआ। प्रधान कर्मचारी होने के नाते श्वेतांग अन्य सबके कार्य के प्रति भी सचेत।

दो-तीन कर्मचारियों की हल्की अवज्ञात्मक हँसी का शब्द।

श्वेतांग : क्या बात है, नागदास ? तुम लोगों को हँसी किस बात की आ रही है ? चलो, सब एक-दूसरे से दूर खड़े होकर काम करो।...नीहारिका ! तुम काम कर रही हो, या अपने हाथों की मेहँदी उतार रही हो ? आँखें नीची रखो और हाथों को देखकर काम करो।...ओह शेफ़ालिका ! तुम्हें बस इतने से ही फूल मिल पाए हैं आज के लिए ? आज का कामोत्सव इस भवन का सबसे बड़ा उत्सव होगा, यह बताने पर भी तुम्हें कुछ समझ नहीं आया ? यह कहने पर भी कि देवी सुन्दरी आज स्वयं हर कार्य का निरीक्षण करेंगी, तुम्हारे मन में कुछ भी विशेष उत्साह नहीं जागा ?...बीजगुप्त ! इतनी समझ तो तुम्हें स्वयं होनी चाहिए कि प्रवेश-द्वार पर मुद्राएँ अंकित नहीं की जातीं। इससे तो जो अतिथि आएँगे, उनके वस्त्रों पर भी मुद्राएँ अंकित होती जाएँगी।...तुम एकटक मेरी ओर क्यों देख रहे हो, मन्दारक ? नहीं नहीं नहीं, मुझसे कुछ पूछो नहीं। मैं इस समय तुमसे बात नहीं कर सकता।... यहाँ जिस-जिसका काम पूरा होता जाए, उसे स्वयं चाहिए कि दूसरे भाग में जाकर काम करने लगे। मैं एक-एक से कहूँ, तभी नहीं यहाँ से जाना है।

*[**शेफ़ालिका, बीजगुप्त** और **नागदास** एक-एक करके चले जाते हैं।]*

तुम फिर मेरी ओर देख रहे हो, मन्दारक ? काम से बचने का यह अच्छा उपाय तुमने ढूँढ़ रखा है। आदमी जब भी तुम्हारी ओर देखे, तुम्हें अपनी ओर देखते पाएगा ! जाओ-जाओ, उधर जाकर किसी और को देखो—काम तो कभी ठीक से करोगे नहीं। हाँ, हाँ, हाँ—मुझे पता है इस भवन में तुम्हारे जितना काम कोई नहीं करता—इस समय जाओ और कम से कम मुझे अपना काम करने दो।

*[**मन्दारक** असन्तुष्ट भाव से सिर हिलाकर चला जाता है।]*

और तुम श्यामांग ? तुम्हारी उलझन अभी समाप्त नहीं हुई ?

श्यामांग : *(पत्तियाँ तोड़ने-सुलझाने में व्यस्त)* मुझे तुमसे ईर्ष्या होती है।

श्वेतांग : *(नीहारिका की ओर देखकर)* नीहारिका, तुम क्या बातें सुनने के लिए ही रुकी हुई हो ? जाओ, उधर जाकर अपना काम करो।

*[**नीहारिका** उन दोनों की ओर देखती हुई अनमने भाव से वहाँ से चली जाती है।]*

(श्यामांग से) तुम्हें मुझसे ईर्ष्या होती है ? क्यों ?

श्यामांग : देखो न एक के बाद एक दीपक जलता जाता है। न कुछ उलझता है, न कुछ बिखरता है।

श्वेतांग : इसका कारण है।

श्यामांग : क्या कारण है ? मेरे हाथों में काम उलझ क्यों जाता है ?

श्वेतांग : इसलिए कि तुम सोचते बहुत हो।

श्यामांग : सोचता बहुत हूँ ?...परन्तु उससे क्या होता है ?

श्वेतांग : सब-कुछ उसी से होता है। हाथ काम नहीं करते। आँखें चुँधिया जाती हैं।

श्यामांग : तो तुम...तुम कभी कुछ नहीं सोचते ?

श्वेतांग : अब नहीं सोचता। पहले सोचा करता था।

श्यामांग : पहले सोचा करते थे !...और सोचने का परिणाम यह हुआ कि...?

श्वेतांग : सोचना छोड़ दिया। *(चारों ओर देखता हुआ कि कहीं कोई काम अधूरा तो नहीं रह गया)* आदमी काम करना चाहे, तो उपाय यही है। एक राजकर्मचारी के लिए विशेष रूप से।

श्यामांग : तो तुम कहना चाहते हो कि...मुझे भी सोचना कुछ नहीं चाहिए ? *(माथे को उँगलियों से मलकर)* पर मैं कब सोचना चाहता हूँ...बिना चाहे मस्तिष्क

सोचता रहे, सोचता रहे, तो आदमी क्या कर सकता है ?

श्वेतांग : बिना चाहे तो मस्तिष्क सोचता ही रहता है। न सोचने के लिए वैसा चाहना पड़ता है। प्रयत्न करना पड़ता है।

श्यामांग : प्रयत्न करना पड़ता है ?...*(कुछ असहाय-सा)* और प्रयत्न आदमी से न बन पड़े, तो ?

श्वेतांग : तो सब-कुछ उलझता रहता है। *(पल-भर उसकी ओर देखता रहकर)* ...लाओ, पत्तियों का यह ते मुझे दो, मैं सुलझा देता हूँ। *(अग्निकाष्ठ उसकी ओर बढ़ाकर)* तुम दीपक जलाओ।

*[उसके हाथों में पत्तियाँ झट-झट सुलझने लगती हैं। **श्यामांग** अग्निकाष्ठ हाथ में लिये कुछ क्षण उसकी ओर देखता रहता है। फिर आँखें झपककर अपने को सहेजने का प्रयत्न करता है।]*

अब क्या हो रहा है तुम्हें ? इस तरह खड़े क्यों हो ?

श्यामांग : पता नहीं क्या हो रहा है। बार-बार आँखों के सामने...जाने कैसा अँधेरा-सा घिर आता है। समझ में नहीं आता कि...

श्वेतांग : तुमसे कुछ भी समझने को कहा किसने है ? दीपक जलाओ, देवी सुन्दरी अब इधर आने ही वाली हैं। आकर देखेंगी कि दीपक नहीं जले, तो सहसा बिगड़ उठेंगी। कितने वर्षों के बाद तो आज उन्होंने कामोत्सव का आयोजन किया है।

श्यामांग : यही बात तो मैं कल से सोच रहा हूँ, श्वेतांग !... और मुझे लगता है कि मैं ही नहीं...और सब लोग भी, यहाँ तक कि स्वयं कुमार भी, मन में यही बात सोच रहे हैं। परन्तु कोई भी मुँह से कुछ कह नहीं पाता। हम सब-के-सब...न जाने क्यों...ओह, पता नहीं मैं क्या कह रहा था...बात जैसे मस्तिष्क में उठकर वहीं छितरा जाती है...अच्छा तुम बताओ,

तुम नहीं सोच रहे कि क्यों आज ही वर्षों के बाद यहाँ कामोत्सव का आयोजन किया गया है ?

श्वेतांग : *(अत्यधिक गम्भीर)* तुम फिर बहक रहे हो। तुमसे कहा है न, दीपक जलाओ।

श्यामांग : वह तो कहा है तुमने। परन्तु क्या करूँ ?...न जाने क्यों मेरे मस्तिष्क में...यह अँधेरा आज बढ़ता ही जा रहा है। मन होता है...मन होता है कि सब छोड़-छाड़कर कहीं चला जाऊँ, और...।

*[**सुन्दरी अलका** के साथ बात करती हुई बाईं ओर से आती है। **श्वेतांग** झुककर अभिवादन करता है। **श्यामांग,** जैसे बहुत प्रयत्न से, बाद में अभिवादन करता है।]*

सुन्दरी : *(आगे आती हुई)* हाँ, रात के अन्तिम पहर तक ! भोज आपानक और नृत्य ! वर्षों तक याद बनी रहनी चाहिए लोगों के मन में।

अलका : याद...वर्षों तक...हाँ, देवि ! परन्तु न जाने क्यों मेरे मन में तरह-तरह की आशंकाएँ उठ रही हैं।

सुन्दरी : रात बीतने दे, फिर अपने मन से पूछना। रात-भर नगर-वधू चन्द्रिका के चरणों की गति से इस भवन की हवा काँपती रहेगी। हवा काँपती रहेगी और ढुलती रहेगी मदिरा...उसकी आँखों से, उसके एक-एक अंग की गोराई से। तू देखेगी और विश्वास नहीं कर सकेगी। जो नहीं देखेंगे, वे तो कल्पना भी नहीं कर पाएँगे।

*[**अलका** इस बीच एक बार **श्यामांग** की ओर देख लेती है। फिर जैसे प्रयत्न से अपना ध्यान **सुन्दरी** की बात पर केन्द्रित करती है।]*

अलका : रात देर तक मुझे नींद नहीं आई। जब नींद आई, तो...।

सुन्दरी : ठहर, क्या सोच रही थी मैं ?...हाँ, शशांक से कह दिया था न कि आज के लिए उसे कुछ विशेष मदिराएँ प्रस्तुत करनी हैं ?

अलका : आपने अब तक आदेश नहीं दिया। आदेश दें, तो मैं अभी जाकर...

सुन्दरी : अब तक आदेश नहीं दिया मैंने ? फिर मैंने सोच कैसे लिया कि...? सच अपने पर बहुत निर्भर करती हूँ। मन में बात आने से ही सोच लेती हूँ कि वह पूरी हो जाएगी। अभी सुगन्धियों की भी तो व्यवस्था नहीं हुई।...अच्छा जा, पहले शशांक से कह दे। समय बहुत थोड़ा है, फिर भी पुराने रस और आसव मिलाकर वह कई-कई नए सम्मिश्रण प्रस्तुत कर सकता है। और देख, उससे कहना कि भोज और पान की सारी सामग्री आज उद्यान में सजानी है।

अलका : अभी जाकर कह देती हूँ।

[दाईं ओर से चली जाती है। ***सुन्दरी*** *बढ़कर* ***श्वेतांग*** *की ओर जाती है।]*

सुन्दरी : यहाँ का काम अभी पूरा नहीं हुआ, श्वेतांग ?

श्वेतांग : लगभग पूरा हो चुका है, देवि ! केवल तोरण सजाने के लिए ये पत्तियाँ...।

सुन्दरी : पत्तियाँ श्यामांग के लिए छोड़ दो और तुम मेरे साथ आओ। और श्यामांग तुम...।

*[****श्यामांग*** *की ओर देखती है। वह जैसे अन्दर के अँधेरे से लड़ता हुआ जड़ दृष्टि से हाथ के अग्निकाष्ठ को देख रहा है।]*

तुम खड़े-खड़े सोच क्या रहे हो ? कि आग काठ के अन्दर है या बाहर ? देखो, यह चिन्तन बाद में करना, पहले दीपक जलाकर पत्तियाँ सजा दो। अतिथियों के आने में अब अधिक समय नहीं है।...तुम आओ, श्वेतांग !

[दाईं ओर से चली जाती है। ***श्वेतांग*** *उसके साथ जाता हुआ एक बार अन्तर्मुख भाव से* ***श्यामांग*** *की ओर देख लेता है।* ***श्यामांग*** *इस तरह अग्निकाष्ठ की ओर देखता खड़ा रहता है*

जैसे उसे समझ न आ रहा हो कि वह उसे क्यों हाथ में लिये है।]

श्यामांग : *(उद्भ्रान्त-सा)* पत्तियाँ श्यामांग के लिए छोड़ दो।...श्यामांग से पत्तियाँ न सुलझीं, तो क्या आज कामोत्सव नहीं होगा ?...श्वेतांग कहता है कुछ सोचो नहीं। पर सोचना-न सोचना अपने बस की बात है ?...पिछले वसन्त में आम कैसे बौराये थे ! पेड़ों की डालियाँ अपने-आप हाथों पर झुक आती थीं। परन्तु तब यहाँ कामोत्सव का आयोजन नहीं किया गया। आयोजन किया गया है इस बार जब आम के वृक्षों ने भिक्षुओं का वेश धारण कर रखा है।...कल प्रातः देवी यशोधरा भिक्षुणी के रूप में दीक्षा ग्रहण करेंगी, और यहाँ...यहाँ रात-भर नृत्य होगा ! आपानक चलेगा !

[फिर कुछ पल ऐसे हो रहता है जैसे उसके सामने अँधेरा घिरा आ रहा हो। अग्निकाष्ठ को माथे के पास लाकर इस तरह हिलाता है जैसे उसी से अपने अन्दर प्रकाश कर लेना चाहता हो।]

क्या हो रहा है मुझे ?...कुछ समझ में नहीं आता कि यह आज क्या होता जा रहा है मुझे।...और अब मुझे करना क्या है ? *(अग्निकाष्ठ की ओर देखकर)* इसे बाहर छोड़ देना है और आकर पत्तियाँ सुलझानी हैं—यही न ?

[अनिश्चित भाव से जाकर अग्निकाष्ठ बाहर छोड़ देता है, और आकर फिर से पत्तियाँ सुलझाने लगता है।]

न जाने इनका सिरा कहाँ है।...एक बार हाथ से छूट जाता है, तो फिर पकड़ में ही नहीं आता।

*[झुँझलाकर जगह-जगह से डोरियाँ तोड़ने लगता है। दाईं ओर से **सुन्दरी** और **अलका** आती हैं।]*

सुन्दरी : *(हल्की हँसी के साथ)* तू सपने भी देखती है तो

ऐसे-ऐसे। सूखा सरोवर, पत्रहीन वृक्ष और धूल-भरा आकाश। इसका अर्थ तो यह है कि...*(सहसा श्यामांग पर दृष्टि पड़ जाने से)* काम इस तरह से होता है, श्यामांग ? उन्हें तोड़-तोड़कर देख क्या रहे हो—कि डोरियाँ पत्तियों में उलझी हैं या पत्तियाँ डोरियों में ?

श्यामांग : *(अपने अन्दर के अँधेरे से लड़ता हुआ)* नहीं, मैं इन्हें तोड़ नहीं रहा। केवल चेष्टा कर रहा हूँ कि...कि किसी तरह ये सुलझ जाएँ, तो...।

सुन्दरी : हाँ, इसी चेष्टा से तो ये सुलझेंगी। जाओ, जाकर यह काम किसी और को सौंप दो, और कहीं एकान्त में बैठकर सोचो कि जब हाथों में कोई काम न रहे, तो हाथों का क्या करना चाहिए।

*[**श्यामांग** आँखें झपकाता हुआ पल-भर उसकी ओर देखता रहता है।]*

(कुछ आवेश के साथ) जाओ।

*[**श्यामांग** किसी तरह पत्तियाँ सँभालकर एक बार चुँधियायी-सी दृष्टि से उसकी तथा **अलका** की ओर देखता है, फिर बाईं ओर से बाहर चला जाता है। **सुन्दरी** पल-भर शृंगार-कोष्ठ के पास रुकती है, फिर मत्स्याकार आसन के पास आ जाती है। स्वर पुनः कोमल और विनोदपूर्ण हो जाता है।]*

हाँ, तो तू अपने सपने की बात कह रही थी न, अलका ? क्या देखा था ? कह रही थी—सूखा सरोवर, पत्रहीन वृक्ष और धूल-भरा आकाश ? *(उसे सिर से पैर तक देखकर)* यह भरा-पूरा यौवन और हृदय में धूल-भरा आकाश ! इसका कुछ उपाय करना होगा।

अलका : *(उसके पास आती हुई)* प्रभात में नींद टूटने से पहले देखा था सपना। प्रभात के सपने सच नहीं होते, देवि ?

सुन्दरी : सुना है सच होते हैं। इसीलिए तो उपाय करना होगा। अन्यथा यह न हो कि कल को तू भी भिक्षुणी का वेश धारण करने की बात सोचने लगे।

अलका : मैं और भिक्षुणी का वेश ? नहीं, मैं तो यह बात सोच भी नहीं सकती। मैं तो यही सोचकर सिहर जाती हूँ कि कल...सच, कल भिक्षुणी के वेश में देवी यशोधरा कैसी लगेंगी, देवि ?

सुन्दरी : *(आसन से उठती हुई)* और सब भिक्षुणियाँ कैसी लगती हैं ?

[मदिरा-कोष्ठ के पास आकर चषक में मदिरा डालने लगती है।]

सोचकर खेद होता है कि इतने वर्ष पीड़ा सहने के बाद भी देवी यशोधरा अपनी पीड़ा का मान न रख सकीं। *(एक घूँट मदिरा लेकर)* बहुत सहानुभूति भी होती है।

अलका : परन्तु देवि...!

सुन्दरी : हाँ, कह, रुक क्यों गई ?

अलका : सम्भव है आज वे उन्हें पहले के सम्बन्ध से नहीं देखतीं। उनके हृदय में जो पीड़ा थी। राजकुमार सिद्धार्थ को लेकर थी। परन्तु आज जो लौटकर आए हैं, वे गौतम बुद्ध हैं—राजकुमार सिद्धार्थ नहीं।

सुन्दरी : राजकुमार सिद्धार्थ आज गौतम बुद्ध बनकर आए हैं, इसका श्रेय भी तो देवी यशोधरा को है।

अलका : देवी यशोधरा को है ?

सुन्दरी : नहीं ! देवी यशोधरा का आकर्षण यदि राजकुमार सिद्धार्थ को बाँध सकता, तो क्या आज भी वे राजकुमार सिद्धार्थ ही न होते ?

अलका : ऐसा न कहें, देवि...!

सुन्दरी : क्यों ? क्या यह सच नहीं है ? राजकुमार सिद्धार्थ क्यों एक रात चुपचाप घर से निकल पड़े थे ? क्यों उन्हें घर की अपेक्षा जंगल का आश्रय अधिक आकर्षक जान पड़ा था ? बात बहुत साधारण-सी

है, अलका ! नारी का आकर्षण पुरुष को पुरुष बनाता है, तो उसका अपकर्षण उसे गौतम बुद्ध बना देता है।

[एक घूँट में चषक खाली करके रख देती है।]

अलका : आप कहना चाहती हैं कि उन्होंने जो बोध प्राप्त किया है, वह...?

सुन्दरी : *(बात बीच में काटकर)* उन्होंने बोध प्राप्त किया है, कामनाओं को जीता है ! परन्तु मैं जानना चाहती हूँ कि कामनाओं को जीता जाए, यह भी क्या मन की एक कामना नहीं ? और ऐसी कामना किसी के मन में क्यों जागती है ?

अलका : तो फिर उन्हें लेकर प्रजा के बच्चों-बूढ़ों तक में क्यों इतना उत्साह है ? क्यों सन्ध्या होते ही वे उनका उपदेश सुनने नदी-तट की ओर उमड़ पड़ते हैं।

सुन्दरी : इसलिए कि बहुत दिन एकतार जीवन बिताकर लोग अपने से ऊब जाते हैं। तब जहाँ भी कुछ नवीनता दिखाई दे, उसी ओर वे उमड़ पड़ते हैं। यह उत्साह दूध-फेन का उबाल है। चार दिन रहेगा, फिर शान्त हो जाएगा।

[बाहर उद्यान से हंसों का स्वर तथा उनके पंखों की फड़फड़ाहट सुनाई देती है।]

अलका : परन्तु इससे पहले क्यों नहीं कभी...?

सुन्दरी : ठहर, सुन। उतरती रात में राजहंसों का कलरव कैसे मन को खींचता है।

अलका : *(कुछ अव्यवस्थित)* आपको ऐसे नहीं लगा जैसे...?

सुन्दरी : बोल नहीं, चुपचाप सुन !...इस स्वर की कहीं तुलना है ? कह नहीं सकती क्या अधिक सुन्दर है—ओस से लदे कमलों के बीच राजहंसों के इस जोड़े की किलोल या झुटपुटे अँधेरे में दूर से सुनाई देता इनका कूजन !...*(हल्के से हँसकर)* कोई गौतम बुद्ध से कहे कि कमल-ताल के पास आकर कभी

इनसे भी वे निर्वाण और अमरत्व की बात कहें। ये चोंच-से-चोंच मिलाकर चकित दृष्टि से उनकी ओर देखेंगे—फिर काँपती लहरें जिधर ले जाएँगी, उधर को तैर जाएँगे। सोचती हूँ उस दिन एक बार गौतम बुद्ध का मन नदी-तट पर जाकर उपदेश देने को नहीं होगा। चाहूँगी कि उस दिन...।

[इस बीच एकाध बार पानी में पत्थर फेंकने का शब्द सुनाई देता है। फिर एक साथ कई पत्थर फेंकने का शब्द, और साथ ही हंसों का आहत क्रन्दन और उनके पंखों की तेज़ फड़फड़ाहट। ***सुन्दरी*** *बोलते-बोलते रुककर उद्विग्न दृष्टि से उद्यान की ओर देखती है।]*

किसकी धृष्टता है यह ? कमल-ताल में पत्थर कौन फेंक रहा है ?

अलका : मैंने पहले भी ऐसा ही शब्द सुना था। रात के समय हंस अकारण ही नहीं बोल उठे थे।

[हंसों का क्रन्दन धीरे-धीरे हल्का पड़कर शान्त हो जाता है।]

सुन्दरी : उद्यान में जाकर देख, किसने ऐसी चेष्टा की है। कहना मैं उसे अभी यहाँ बुला रही हूँ।

*[****अलका**** सिर हिलाकर बाईं ओर से चली जाती है।* ***सुन्दरी*** *उसी उद्विग्न भाव से शृंगार-कोष्ठ की ओर जाती है, फिर चबूतरे के पास आ जाती है।]*

(अपनी उद्विग्नता को झटकने का प्रयत्न करती हुई) नहीं समझ पा रही। आज कामोत्सव की रात को किसी का कमल-ताल में हंसों के जोड़े पर पत्थर फेंकना, उन्हें आहत करना—यह एक आकस्मिक घटना है या जान-बूझकर किया गया प्रयत्न ? परन्तु निर्भर तो इस पर करता है कि वह कौन व्यक्ति है जिसने ऐसा प्रयत्न किया है।

*[****अलका**** बाईं ओर से* ***श्यामांग*** *को लिये हुए*

*आती है। **श्यामांग** के चेहरे का भाव विक्षिप्त-सा हो रहा है। उसे देखते ही **सुन्दरी** की भौंहें तन जाती हैं।]*

...तो तुम थे जो कमल-ताल में राजहंसों पर पत्थर फेंक रहे थे ?

श्यामांग : राजहंसों पर नहीं, देवि...!

*[**अलका** बढ़कर **सुन्दरी** की ओर जाती हुई बीच में ही रुक जाती है। उसके चेहरे पर कई तरह के भाव आते-जाते हैं।]*

सुन्दरी : राजहंसों पर नहीं तो किस पर ? ताल में दिखाई देती अपनी छाया पर ?

*[छाया शब्द से **श्यामांग** की आँखों में भय-सा लहरा जाता है।]*

श्यामांग : छाया पर !...हाँ...परन्तु अपनी छाया पर नहीं। वह एक और ही छाया थी...बहुत डरावनी...!

सुन्दरी : वह एक और ही छाया थी ! जान सकती हूँ कैसी छाया थी वह ?

श्यामांग : जाने कैसी छाया थी ?...ज्यों-ज्यों अँधेरा गहरा हो रहा था, वह छाया लम्बी, और लम्बी, होती जा रही थी।

*[**अलका** कुछ कहना चाहती है, परन्तु बिना कहे चबूतरे की ओर चली जाती है।]*

सुन्दरी : और तुम्हें बैठकर उस छाया को देखने के अतिरिक्त और कोई काम नहीं था ?

श्यामांग : काम ?...आपने कहा था न काम न करने के लिए ? इसलिए कमल-ताल के पास जो अँधेरा कोना है, कुछ देर के लिए वहाँ चला गया था। वहाँ से देखा ताल की लहरों पर वह छाया उतर रही है—कमलनाल, कमलपत्र, सब उसमें खोए जा रहे हैं। मुझे लगा कि वह छाया उन सबको लील जाएगी—ताल में तैरते राजहंसों के जोड़े को भी। मुझे डर लगा। मैं छाया पर पत्थर फेंकने लगा।

सुन्दरी : छाया को हटाने के लिए तुम उस पर पत्थर फेंकने लगे !

श्यामांग : हाँ...एक पत्थर फेंका, तो लगा कि छाया हिल रही है।...वह हिली, परन्तु हटी नहीं। तभी राजहंसों ने पंख फड़फड़ा दिए और जैसे छाया से बचने के लिए पुकार करने लगे।...तब मैंने उस छाया को लक्ष्य करके कई पत्थर लगातार फेंके।...इससे छाया कई टुकड़ों में बँट गई, परन्तु फिर ज्यों-की-त्यों हो गई।...फिर उसने राजहंसों को अपने में कस लिया जिससे वे चीत्कार कर उठे।

सुन्दरी : तुम समझते हो मैं तुम्हारी इन बेसिर-पैर की बातों पर विश्वास कर लूँगी ? मैं अच्छी तरह जानती हूँ कि आज कामोत्सव के दिन तुमने ऐसा प्रयत्न क्यों किया है। तुम इस भवन के उन कर्मचारियों में से हो जो यहाँ रहकर भी यहाँ के नहीं हो पाए...जो सदा इस खोज में रहते हैं कि कब और कैसे यहाँ के उल्लास को खंडित कर सकें।

*[**अलका** एक बार **सुन्दरी** की ओर देख लेती है, फिर बढ़कर **श्यामांग** के पास आ जाती है।]*

अलका : तुम सच क्यों नहीं कह देते कि तुमसे अनजाने में अपराध हो गया है ? अपराध के लिए क्षमा माँग लो, तो...।

श्यामांग : छाया को हटाना अपराध था क्या ? मैं नहीं जानता था अपराध था। यदि सचमुच अपराध था तो...।

अलका : क्यों फिर से वही बात किए जाते हो ? क्यों नहीं स्पष्ट कह देते कि तुम्हारा मन कहीं और था, और तुम्हें पता ही नहीं चला कि कब तुमने पत्थर उठाए और कब फेंकने लगे ?

श्यामांग : मेरा मन कहीं और था ? पर मन कहीं और होता, तो मैं छाया को देखता किस तरह? और फिर...।

*[**सुन्दरी** दो-एक पग उसकी ओर बढ़ जाती है।]*

सुन्दरी : नहीं, तुम्हारा मन कहीं और नहीं था। तुम्हें आज सचमुच एक छाया ने घेर रखा है। जब तुम यहाँ काम कर रहे थे, तब भी वह छाया तुम्हारे सिर पर मँडरा रही थी। मुझे आश्चर्य नहीं है। आज के आयोजन में वह छाया तुममें से किसी को न घेरती, तो अवश्य मुझे आश्चर्य होता। अब तुम्हें उस छाया से बचाए रखने का उपाय यही है कि कुछ समय के लिए तुम्हें दक्षिण के अन्धकूप में उतार दिया जाए।

अलका : *(अव्यवस्थित)* नहीं, देवि...!

सुन्दरी : *(उसकी बात की ओर ध्यान न देकर)* वहाँ तुम्हें पूरा अवकाश रहेगा, और वह छाया भी तुम्हारे पास नहीं फटकने पाएगी। *(दाईं ओर देखकर)* जो भी द्वार पर हो, श्वेतांग से कह दे मैं उसे यहाँ बुला रही हूँ। *(श्यामांग से)* श्वेतांग अभी तुम्हें तुम्हारे गन्तव्य तक पहुँचा आएगा।

*[**श्वेतांग** दाईं ओर से आता है।]*

श्वेतांग : *(साभिवादन)* देवि !

सुन्दरी : सुगन्धियों की व्यवस्था हो गई ?

श्वेतांग : हाँ, देवि !

सुन्दरी : तोरणों पर मुद्राएँ अंकित की जा चुकीं ?

श्वेतांग : हाँ, देवि !

सुन्दरी : तो एक काम तुम्हें और करना है। तुम्हारा सहयोगी श्यामांग आज एक छाया से पीड़ित है। इसे उस छाया से मुक्त करने के लिए...।

श्यामांग : *(आँखें झपकता हुआ)* छाया वहाँ है, देवि—कमल-ताल पर। जब मैं वहाँ से चला, तब भी वह...।

श्वेतांग : *(ध्यान से श्यामांग को देखता हुआ)* मुझे लगता है, देवि...!

सुन्दरी : तुम्हें जो भी लगता हो, आकर कहना। पहले इसे ले जाकर दक्षिण के अन्धकूप में छोड़ आओ।...खड़े क्यों हो ? जाओ और जाकर आदेश का पालन

करो।

*[**श्वेतांग** पास जाकर **श्यामांग** की बाँह हाथ में ले लेता है।]*

श्वेतांग : आओ, श्यामांग।

श्यामांग : मैं तुमसे सच कहता हूँ, श्वेतांग ! मैं सोच कुछ नहीं रहा था। मुझे याद था तुमने कहा था कि...

सुन्दरी : इसे ले जाओ—मैं इसकी अनर्गल बातें और नहीं सुनना चाहती।

*[**श्वेतांग श्यामांग** को बाईं ओर से बाहर ले चलता है।]*

श्वेतांग : *(चलते-चलते)* मैंने तुमसे कुछ नहीं कहा था, श्यामांग ! तुम्हें लगता है मैंने कुछ कहा था, तो वह केवल तुम्हारे मन की भ्रान्ति है।

श्यामांग : तुमने मुझसे कुछ नहीं कहा था ? सच कुछ नहीं कहा था ? तो फिर मुझे क्यों लग रहा था कि...?

*[अन्तिम शब्द बाहर जाकर खो जाते हैं। **सुन्दरी** मत्स्याकार आसन की ओर जाती है। **अलका**, आहत-सी, अपने स्थान पर रुकी रहती है।]*

सुन्दरी : न जाने क्यों इस व्यक्ति को देखकर सदा उलझन होती है। जब यह ऐसा कुछ नहीं करता, तब भी जैसे मेरे हर विचार, हर कार्य के सामने यह एक प्रश्नचिह्न बनकर आ खड़ा होता है। इसकी आँखों का भाव ही ऐसा है कि...*(सहसा अलका पर दृष्टि पड़ जाने से)* तुझे क्या हुआ है, अलका ? तू वहाँ इस तरह क्यों खड़ी है ?

अलका : *(अपने को सहेजने का प्रयत्न करती हुई)* हुआ कुछ नहीं, देवि ! ऐसे ही बस...।

सुन्दरी : ऐसे ही बस क्या ? तेरे चेहरे से तो लगता है जैसे...इधर आ मेरे पास।

*[**अलका** अपनी डबडबायी आँखें झपकती हुई उसके पास आ जाती है।]*

बता न क्या बात है ? तू क्या फिर से अपशकुन

की बात सोच रही है ?

अलका : *(आँखें झुकाकर)* नहीं देवि ! मैं केवल यह सोच रही थी कि...उसने जो कुछ किया है, शायद जान-बूझकर नहीं किया।

सुन्दरी : तू श्यामांग के लिए कह रही है ? *(कुछ तीखे स्वर में)* तो तू विश्वास करती है कि उसने सचमुच कोई छाया देखी है ?

अलका : नहीं, छाया की बात में मैं विश्वास नहीं करती। परन्तु कितने दिनों से देख रही हूँ कि धीरे-धीरे उसे कुछ होता जा रहा है...अपनी मानसिक शक्तियों पर से उसका अधिकार उठता जा रहा है।

सुन्दरी : *(सोचती हुई)* तो तू कहना चाहती है कि उसने जो कुछ किया है, उन्माद में किया है ?

अलका : उन्माद में नहीं, तो सोच-समझकर भी नहीं किया। मैं कब से देख रही हूँ कि वह अपने अन्दर ही अन्दर कहीं खोया जा रहा है...कि उसके मन में कुछ ग्रन्थियाँ-सी उलझ गई हैं जिनके कारण वह...उसे सहानुभूति और उपचार की आवश्यकता है, देवि ! मैं कितना चाहती थी कि उसके लिए मैं...कि उसके लिए कोई ऐसा कुछ कर सके जिससे वह...।

सुन्दरी : तो तू कहना चाहती है कि...परन्तु तेरे कहने का अर्थ कहीं यह तो नहीं कि...नहीं, ऐसा नहीं हो सकता। तेरे कहने का अर्थ शायद इतना ही है कि...।

[उसकी ठोड़ी को छूकर उसका मुँह अपनी ओर कर लेती है।]

अच्छा बता, तू उससे प्रेम तो नहीं करती ?

*[**अलका** होंठ काटकर सिर झुका लेती है।]*

ओह ! मैं नहीं सोचती थी कि तू...पर तू किसी से प्रेम करती है, तो उस तरह के सपने कैसे देखती है ? और श्यामांग क्या ऐसा व्यक्ति है जिससे...?

पर यह बात शायद पूछने की नहीं।...अच्छा ठहर, मुझे थोड़ा सोचना होगा। *(झूले की ओर जाती हुई)* सोचना होगा कि तेरा और उस व्यक्ति का सम्बन्ध...। *(झूले के पास रुककर)* पर सुन।

[अलका उसके पास चली जाती है।]

तुझे सचमुच विश्वास है कि तू उससे प्रेम करती है ?

[अलका, जैसे कुछ भी कह पाने में असमर्थ, आँखें दूसरी ओर हटा लेती है।]

और चाहती है कि उसे इस तरह का दंड न दिया जाए ? तो देख, मैं तुझे निराश नहीं करूँगी। तू जानती है मैं तुझे कितना चाहती हूँ। तेरी भावना के लिए मैं...परन्तु अलका, मुझे अब भी विश्वास नहीं होता कि उसने जो किया है, जान-बूझकर नहीं किया। मैं अब भी सोचती हूँ कि...पर शायद ठीक नहीं सोच रही। *(झूले के पास से हटती हुई)* अच्छा, तू जाकर शशांक से कह कि उद्यान में अतिथियों के आसन लगाने से पहले एक बार आकर मुझसे बात कर ले। श्वेतांग लौटकर आता है, तो मैं श्यामांग के लिए दूसरा आदेश भेजती हूँ।

[हल्के से उसका कन्धा थपथपा देती है। अलका सिर झुकाए दाईं ओर से चली जाती है।]

(अन्तर्मुख भाव से) सच एक ही व्यक्ति को लेकर कैसी विरोधी भावनाएँ जागती हैं अलग-अलग लोगों के मन में ! अलका उससे प्रेम करती है। स्वयं कुमार के मन में भी उसके लिए विशेष स्नेह और अनुराग है। जब भी अकेले होते हैं, उसे पास बुलाकर देर-देर तक उससे बात करते रहते हैं। परन्तु मुझे क्यों उससे चिढ़ होती है ? क्यों लगता है कि वह एक व्यक्ति नहीं, दो आँखों का एक अनचाहा भाव है जो हर समय इस घर की हवा में

घुला-मिला रहता है ?

*[इस बीच **नन्द** सामने के द्वार से आता है। उसके चेहरे से थकान झलकती है। वह एक बार **सुन्दरी** की ओर देखकर सीधा मदिरा-कोष्ठ की ओर बढ़ जाता है। **सुन्दरी** उसका आना लक्ष्य नहीं करती।]*

और आज का उसका प्रमाद...क्या सचमुच अकारण ही था ? अलका ऐसा समझती है, परन्तु मेरा मन क्यों इस पर विश्वास नहीं करना चाहता ? मुझे क्यों लगता है कि...नहीं, अब अलका से कह दिया है, तो जैसे भी हो, उसे यहाँ स्वीकार करना ही होगा। हाँ, इतना अवश्य देख लेना होगा कि...

[नन्द दो घूँट मदिरा पीकर चषक रखता है, तो सहसा उसका ध्यान उस ओर चला जाता है।]

...आप ? आप कब आए ?

नन्द : अभी आया हूँ।

सुन्दरी : और मैं कब से प्रतीक्षा कर रही थी। सोच रही थी कि...।

नन्द : *(उसकी ओर आता हुआ)* नहीं आऊँगा ?

सुन्दरी : ऐसा मैं सोच सकती थी ? सोच रही थी कि शायद आखेट में बहुत दूर निकल गए हैं। डर रही थी कि सब लोग आ चुकेंगे, तो अन्त में आनेवाले अतिथि आप ही न हों।

नन्द : *(अन्तर्मुख भाव से)* अन्त में आनेवाला अतिथि !

[विश्राम की मुद्रा में चबूतरे पर बैठ जाता है।]

जानता था कि तुम प्रतीक्षा में होगी। इसीलिए मैं...तुम्हें सचमुच लगा कि लौटने में मुझे बहुत देर लग गई है ?

सुन्दरी : नहीं लगी ? आप सन्ध्या से पहले लौट आने को नहीं कह गए थे ? *(ध्यान से उसे देखती हुई)* इस तरह थके हुए क्यों लग रहे हैं ?

नन्द : इसलिए कि थककर आया हूँ। दिन-भर एक मृग

का पीछा किया, परन्तु वह हाथ नहीं आया। जाने कैसा मायामृग था वह !

सुन्दरी : *(विदग्ध स्वर में)* यह तो कभी नहीं हुआ कि आपका आखेट आपके हाथ से निकल जाए।

नन्द : *(बिना उस स्वर की ओर ध्यान दिए)* हाथ से निकला भी तो नहीं। सच, थकान उतनी शरीर की नहीं, जितनी मन की है। मृग मेरे बाण से आहत नहीं हुआ, इसका मन को उतना खेद नहीं जितना इसका कि जब थककर लौटने का निश्चय किया, तो वही मृग रास्ते में थोड़ी दूर आगे मरा हुआ दिखाई दे गया।

सुन्दरी : किसी और के बाण से आहत हुआ वह ?

नन्द : नहीं, किसी के बाण से आहत नहीं हुआ। अपनी ही थकान से मर गया। बाण से क्षत-विक्षत मृग को देखकर मन में कभी कोई अनुभूति नहीं होती। होती भी है, तो केवल प्राप्ति की हल्की सी अनुभूति। परन्तु बिना घाव अपनी ही क्लान्ति से मरे मृग को देखकर जाने कैसे लगा। उसी से अपना-आप इतना थका और टूटा हुआ लगने लगा कि...।

सुन्दरी : थोड़ी मदिरा और ले लीजिए। मन स्वस्थ हो जाएगा।

नन्द : नहीं, अभी और नहीं लूँगा *(उठकर टहलता हुआ)* सच मैं कभी सोचता तक नहीं था कि एक मरा हुआ मृग भी इतना सजीव लग सकता है। लग रहा था जैसे हाथ लगाते ही वह आशंका से काँप जाएगा और उठकर भाग खड़ा होगा।...आखेटकों ने उसे उठा लाना चाहा, तो मैंने उन्हें मना कर दिया। कहा कि उसे वहीं पड़ा रहने दो, उसी रूप में, मृत और—जीवित ! *(सहसा सुन्दरी की दृष्टि के प्रति सचेत होकर)* जानता हूँ इस समय मुझे यह सब नहीं कहना चाहिए। सोचकर यही आया था

कि कम से कम आज की रात ऐसी कोई बात नहीं कहूँगा जो तुम्हें अच्छी न लगे। परन्तु यह घटना इस तरह मन पर छा रही थी कि...*(चेष्टा से मुस्कुराकर)* पहले भी तो कई बार मैं समय के अनुकूल बात नहीं करता। तुम तो प्रायः यह दोष मुझ पर लगाती हो।

सुन्दरी : अच्छा है आपको इसका ध्यान तो है। *(अपने को थोड़ा सहेजकर)*...अतिथियों के आने तक शयन-कक्ष में विश्राम करना चाहेंगे ?

नन्द : अतिथियों के आने तक ?...नहीं। *(चेष्टा से भाव में सहजता लाकर)* तुमने कहा था न आज रात-भर विश्राम नहीं होगा ?

सुन्दरी : कहा तो था, पर तब यह कहाँ सोचा था कि...?

नन्द : *(दुलारने के भाव से)* तुम्हारी कही बात तुम्हारे लिए उतना महत्त्व नहीं रखती जितना मेरे लिए। यह तुम नहीं जानतीं।

सुन्दरी : *(उसका हाथ अपने हाथ में लेकर उसे दृष्टि से बाँधने का प्रयत्न करती हुई)* नहीं जानती ?

नन्द : जानतीं, तो ऐसा कहतीं ?

सुन्दरी : *(थोड़ा उसकी ओर झुककर)* न कहती ?

*[नन्द मुस्कुराकर उसे अपने साथ सटा लेना चाहता है। तभी बाईं ओर से **शशांक** आता है और द्वार के पास ठिठककर हल्के से खाँस देता है। **सुन्दरी** अपने को **नन्द** से अलग कर लेती है।]*

[स्वर में स्वामित्व का स्पर्श लाकर]

आओ, शशांक !

शशांक : *(साभिवादन)* देवी का आदेश था कि मैं...।

सुन्दरी : हाँ, मैंने तुम्हें बुला भेजा था। बताना चाहती थी कि उद्यान में अतिथियों के बैठने की व्यवस्था कैसे करनी है। आसन इस तरह लगाने होंगे कि चार-चार, छह-छह व्यक्ति एक-एक वृक्ष के नीचे

बैठ सकें। सारा जमघट एक ही स्थान पर हो, यह मैं नहीं चाहूँगी।

नन्द : *(जैसे उसे रोकने के प्रयत्न में)* सुनो...।

सुन्दरी : *(बिना उसकी ओर ध्यान दिए)* और जितने मदिरापात्र हैं, वे सब...सुनो, आज के लिए कुछ विशेष मदिराएँ प्रस्तुत की हैं ?

शशांक : हाँ, देवि ! कई-एक सम्मिश्रण हैं जिनका राजभवन में आज पहली बार सेवन किया जाएगा।

नन्द : *(पुनः उसी प्रयत्न में)* मैं एक बात कहना चाहता था, सुन्दरी...!

सुन्दरी : *(शशांक से अपनी बात जारी रखती हुई)* ...तो जितने मदिरापात्र हैं, वे सब कमल-ताल के चबूतरे पर रखवा देना, और कुछ आसन वहाँ भी आसपास बिछवा देना। जब सारी व्यवस्था हो जाए, तो आकर मुझे सूचित कर देना।

*[**शशांक** सिर हिलाकर दाईं ओर से चला जाता है। **सुन्दरी** मुड़कर **नन्द** की ओर देखती है।]*

आप कुछ कह रहे थे ?

नन्द : *(अनिश्चित-से स्वर में)* हाँ-आँ...नहीं, कोई विशेष बात नहीं थी।...केवल इतना कहना चाहता था कि व्यवस्था यदि उद्यान के स्थान पर यहाँ कक्ष में ही की जाए, तो...?

सुन्दरी : यहाँ कक्ष में ? कक्ष में क्या इतना स्थान है कि सारे अतिथि यहाँ आ सकें ?

नन्द : *(मदिरा-कोष्ठ की ओर बढ़ता हुआ)* इतना स्थान तो नहीं है। फिर भी सोचता था कि...।

सुन्दरी : और मदिरा लेंगे ? अभी मैंने कहा था, तो...।

नन्द : *(अपने को सहेजकर)* नहीं, मैं इस विचार से इधर नहीं आया।

*[लौटकर **सुन्दरी** की ओर आ जाता है।]*

सुन्दरी : *(ध्यान से उसे देखती हुई)* आप व्यवस्था के सम्बन्ध में कुछ कह रहे थे।

नन्द : हाँ...कहना चाहता था कि सम्भव है उतने लोग न भी आएँ जितनों के आने की हम आशा कर रहे हैं।

सुन्दरी : यह कैसे सम्भव है ? आज तक कभी हुआ है कि कपिलवास्तु के किसी राजपुरुष ने इस भवन से निमन्त्रण पाकर अपने को कृतार्थ न समझा हो ? कोई एक भी व्यक्ति कभी समय पर आने से रहा हो ? हाँ, अस्वस्थता के कारण या नगर से बाहर रहने के कारण कोई न आ सके, तो बात दूसरी है।

नन्द : मेरा अभिप्राय यही था कि सम्भव है कुछ लोगों के लिए ऐसे कारण हो जाएँ।...अभी आते हुए मैं सोमदत्त और विशाखदेव के यहाँ स्वयं होकर आया था।

सुन्दरी : *(कुछ आवेश के साथ)* आप स्वयं...उन लोगों के यहाँ होकर आए हैं ? क्यों ? आपका स्वयं जाना, विशेष रूप से उनसे आने का आग्रह करने के लिए, क्या अपमान का विषय नहीं ?

नन्द : मैं विशेष रूप से नहीं गया था।...गया था देवी यशोधरा से मिलने।

सुन्दरी : देवी यशोधरा से मिलने ? क्यों ?

नन्द : उन्होंने बुला भेजा था।

सुन्दरी : बुला भेजा था ? क्यों ?

नन्द : *(कुछ अव्यवस्थित)* उन्होंने कहलाया था कि कल से वे भवन में नहीं रहेंगी, बाहर भिक्षुणियों के शिविर में चली जाएँगी, इसलिए...।

सुन्दरी : इसलिए क्या ?

नन्द : चाहती हैं कि आज भवन में अन्तिम बार अपने सब बान्धवों से मिल लें।

सुन्दरी : ओह ! तो उनके मन का मोह अभी छूटा नहीं !

नन्द : बात मोह की न...सम्भव है ऐसा ही हो। उन्होंने कहलाया तुम्हारे लिए भी था।

सुन्दरी : और आपने जाकर मेरी ओर से क्षमा माँग ली।

नन्द : नहीं, मैंने कह दिया कि तुमने आज कुछ अतिथियों को बुला रखा है, इसलिए... ।

सुन्दरी : *(पास आती हुई)* अतिथियों को बुला रखा है, इतना ही ? कामोत्सव की बात नहीं कह सके ?

नन्द : कहने की आवश्यकता नहीं थी। वे यह बात जानती थीं।

सुन्दरी : जानती थीं न ? मुझे पता था अवश्य जानती होंगी।...तो क्या कहा उन्होंने ?

नन्द : कहा कि अपनी व्यस्तता के कारण तुम न भी आ सको, तो मैं तुम्हें उनका आशीर्वाद... ।

सुन्दरी : *(झूले की ओर बढ़ती हुई व्यंग्यपूर्ण स्वर में)* आत्मवंचना की भी एक सीमा होती है। *(झूले पर बैठकर)* आज के दिन वे आशीर्वाद देंगी, और मुझे ? मन में क्या सोचती होंगी, यह मैं अच्छी तरह जानती हूँ।

नन्द : *(आहत स्वर में)* देखो सुन्दरी, तुम्हारे मुँह से यह सब... ।

*[बाईं ओर से **श्वेतांग** आता है।]*

श्वेतांग : देवी के आदेश का पालन हो गया है। श्यामांग को मैं... ।

सुन्दरी : *(बात काटकर)* श्यामांग का अपराध मैंने क्षमा कर दिया है। अलका को विश्वास है कि उसने जो कुछ किया है, उन्माद में किया है। इसलिए उसके सम्बन्ध में दूसरा आदेश यह है कि इसी समय जाकर उसे वापस ले आओ और उसके उपचार की व्यवस्था करो। जब तक ठीक नहीं होता, तब तक वह यहीं रहेगा...अलका यहाँ उसकी देखभाल करती रहेगी।

श्वेतांग : *(कुछ भौंचक)* तो यहाँ उसे...?

सुन्दरी : अभ्यन्तर भाग में कर्मचारियों के जो कक्ष हैं, उन्हीं में से एक में उसे रखा जा सकता है। इस तरह अलका को उसकी देखभाल करने में सुविधा रहेगी।

श्वेतांग : परन्तु मैं कहना चाहूँगा देवि, कि यदि आज की रात...

सुन्दरी : *(अधीर स्वर में)* मैंने जो आदेश दिया है, उसका पालन करो। जाओ।

*[**श्वेतांग** सिर झुकाकर बाईं ओर से चला जाता है। **नन्द** गम्भीर दृष्टि से **सुन्दरी** की ओर देखता हुआ उसके पास आ जाता है।]*

नन्द : श्यामांग को क्या हुआ है ?...तुम उसके अपराध की बात क्या कह रही थीं ?

सुन्दरी : आप मुझे स्मरण न दिलाएँ। मैं उस बात को भूल जाना चाहती हूँ।

नन्द : परन्तु ऐसा उसने किया क्या है जिसे अलका उसका उन्माद समझती है और जिसके लिए तुमने उसे...?

सुन्दरी : *(तीखे स्वर में)* कुछ-न-कुछ तो किया ही होगा जिसके लिए मैंने उसे दंड देना उचित समझा ? और अब मैंने उसे क्षमा कर दिया है, तो बात क्या समाप्त नहीं हो जाती ?

नन्द : एक बात समाप्त हो जाती है। परन्तु जहाँ तक उसके उन्माद का प्रश्न है...।

सुन्दरी : उसकी भी व्यवस्था मैंने आपके सामने कर दी है। नहीं कर दी ?

नन्द : श्वेतांग को तुमने आदेश दिया है, मैंने सुना है। सुनकर ही तुमसे कह रहा हूँ। तुम जानती हो श्यामांग इस भवन में अकेला ऐसा कर्मचारी है जिससे...।

सुन्दरी : *(अधीर भाव से झूले से उठती हुई)* जिससे आपको विशेष अनुराग है। जिससे बात करके आपको विशेष सुख मिलता है। जिसकी बातों में आपको अपने अन्तर्मन की छाया झलकती दिखाई देती है। जानती हूँ।

नन्द : जाने क्यों तुम सदा उस व्यक्ति को अनुदार दृष्टि

से देखती हो। जहाँ तक मेरा सम्बन्ध है, मैं श्यामांग को...।

सुन्दरी : श्यामांग ! श्यामांग ! श्यामांग ! क्या उस व्यक्ति को छोड़कर किसी और विषय की चर्चा नहीं की जा सकती ?

[नन्द पल-भर चुपचाप उसे देखता रहता है। फिर पास आकर उसके कन्धे पर हाथ रख देता है।]

नन्द : बुरा मान गईं ?

सुन्दरी : मैं ऐसी छोटी बातों का बुरा नहीं मानती।

नन्द : तो फिर ऐसी क्यों हो रही हो ?

सुन्दरी : कैसी हो रही हूँ ?

नन्द : *(उसका चेहरा हाथ में लेकर)* यह तो मैं ही बता सकता हूँ, जो तुम्हारे चेहरे का दर्पण हूँ।

सुन्दरी : *(उसका हाथ हटाती हुई)* रहने दीजिए, मुझे यह सब अच्छा नहीं लगता।

नन्द : परन्तु यह बात मेरी नहीं, तुम्हारी कही हुई है। तुम्हें याद नहीं ?

सुन्दरी : मुझे इस समय कुछ भी याद नहीं।

नन्द : यह भी याद नहीं कि तुमने आज कामोत्सव का आयोजन किया है...कि तुम्हारे कुछ अतिथि अभी आनेवाले हैं ?

सुन्दरी : कुछ अतिथि ? आप बार-बार यह क्यों कहना चाहते हैं कि सब अतिथि नहीं आएँगे ? *(अपने को सहेजने का प्रयत्न करती हुई)* सोमदत्त और विशाखदेव इससे लज्जित नहीं हुए कि आप स्वयं उनके यहाँ कहने के लिए गए ?

नन्द : *(आँखें उसकी ओर से हटाकर अपने को दूसरी तरह से व्यस्त रखने का प्रयत्न करता हुआ)* वे लज्जित थे। विशेष रूप से इसलिए कि वे नहीं आ पाएँगे।

सुन्दरी : नहीं आ पाएँगे ? क्यों ?

नन्द : उन्होंने क्षमा चाहते हुए दिन में ही कहला भेजा था।

परन्तु मैंने उस समय तुम्हें बताना उचित नहीं समझा। सोचा कि उसकी आवश्यकता नहीं होगी। मैं उधर जाऊँगा, तो वे मेरे साथ अवश्य चले आएँगे।

सुन्दरी : परन्तु इसमें न बताने की क्या बात थी ? आपने बताया होता, तो मैं कभी आपको किसी के यहाँ न जाने देती। मेरे उत्सव में लोग अनुरोध करने से आएँ, इससे उनका न आना ही अच्छा है। और दो व्यक्तियों के आने-न आने से अन्तर भी क्या पड़ता है ?

[बाहर से पैरों का शब्द सुनाई देता है।]

शायद कुछ लोग आ रहे हैं।

*[घूमकर सामने के द्वार की ओर आ जाती है। द्वार से **मैत्रेय** अन्दर आता है।]*

(प्रयत्न के साथ स्वर में उत्साह लाकर) आर्य मैत्रेय ! हमारे पहले अतिथि !

मैत्रेय : *(गम्भीर भाव से आगे आता हुआ)* हाँ, पहला...और शायद...*(नन्द की ओर देखकर) एकमात्र अतिथि !*

[सुन्दरी सुनकर स्तब्ध-सी अपने स्थान पर खड़ी रहती है।]

नन्द : *(अव्यवस्थित)* एकमात्र अतिथि ? तो क्या और लोगों में से...?

मैत्रेय : जिन-जिनसे मिला हूँ, उनमें से प्रत्येक ने आने में असमर्थता प्रकट करते हुए क्षमा-याचना की है—रविदत्त, अग्निवर्मा, नीलवर्मा, ईषाण, शैवाल आदि सभी ने।

नन्द : और पद्मकान्त, रुद्रदेव, लोहिताक्ष, शालिमित्र...?

मैत्रेय : लोहिताक्ष और शालिमित्र से मिलने नहीं गया। पद्मकान्त और रुद्रदेव ने भी यही कहा है कि उनकी ओर से मैं क्षमा-याचना कर लूँ...वे आज नहीं आ पाएँगे। इन सबसे मिलने के बाद फिर और किसी के यहाँ जाने को मन नहीं हुआ।

*[इस बीच **सुन्दरी** के चेहरे पर कई तरह के भाव आते हैं। अन्त में, अपने को रोक पाने में असमर्थ, वह थोड़ा आगे बाढ़ आती है।]*

सुन्दरी : परन्तु इन सबसे कहने जाने की आवश्यकता आपको क्यों हुई ? क्या आप पहले से जानते थे कि ये लोग नहीं आएँगे ?

मैत्रेय : *(एक-एक बार दोनों की ओर देखकर)* इसका उत्तर कुमार दे सकते हैं।

*[मदिराकोष्ठ की ओर चला जाता है और चषक में मदिरा डालने लगता है। सुन्दरी थोड़ा और बढ़कर **नन्द** के पास आ जाती है।]*

सुन्दरी : तो क्या इन सबने आपको सन्देश भेजा था कि ये नहीं आएँगे ?

नन्द : *(आँखें बचाता हुआ)* सबने तो नहीं, पर इनमें से कई लोगों ने सन्देश भेजा था।

सुन्दरी : और आपने इसकी चर्चा तक मुझसे करना आवश्यक नहीं समझा ?

नन्द : मैं तुम्हारे उत्साह में बाधा नहीं डालना चाहता था। सोचा था कि इनमें से अधिकांश लोग एक बार जाकर कहने से...।

सुन्दरी : कितना मान होता मेरा...कि जाकर कहने से जो लोग आते, उनका मुझे इस घर में स्वागत करना पड़ता। आपने यह नहीं सोचा कि मैं...कि मैं...?

*[बाहर से फिर पैरों का शब्द सुनाई देता है। **नन्द** अनायास सामने के द्वार की ओर बढ़ जाता है। **मैत्रेय** भरा हुआ चषक होंठों के पास रोके प्रतीक्षा करता है।]*

नन्द : शायद कुछ लोग आ रहे हैं।

*[द्वार से निकलकर गवाक्ष के पास चला जाता है। **सुन्दरी** आँखों में अनिश्चय का भाव लिये उस ओर देखती है।]*

सुन्दरी : कौन लोग हैं ?

[नन्द सिर झुकाए गवाक्ष के पास से हट आता है।]

नन्द : अतिथि नहीं हैं।

सुन्दरी : तो कौन लोग हैं ?

नन्द : अपने ही कुछ कर्मचारी हैं। श्वेतांग, बीजगुप्त और नागदास।

सुन्दरी : ये लोग अपने कार्य पर नहीं हैं ?

नन्द : कार्य पर ही हैं। श्यामांग को साथ के कर्मचारियों के कक्ष में ला रहे हैं। तुमने अभी श्वेतांग को आदेश दिया था न !

सुन्दरी : *(हताश भाव से)* ओह...वह आदेश !

*[**मैत्रेय** बढ़कर नन्द के पास आ जाता है।]*

मैत्रेय : मैं दिन-भर सोचता रहा कि आपसे कहूँ। परन्तु कह नहीं पाया। मेरा विचार था कि कामोत्सव का आयोजन यदि आज के स्थान पर कल रखा जा सकता, तो...।

सुन्दरी : *(सहसा तमककर)* कामोत्सव कामना का उत्सव है, आर्य मैत्रेय ! मैं अपनी आज की कामना कल के लिए टाल रखूँ...क्यों ? मेरी कामना मेरे अन्तर की है। मेरे अन्तर में ही उसकी पूर्ति भी हो सकती है। बाहर का आयोजन उसके लिए उतना महत्त्व नहीं रखता जितना कुछ लोग समझ रहे हैं।

नन्द : *(उसकी ओर बढ़ता हुआ)* देखो, इस तरह अव्यवस्थित नहीं होते।

सुन्दरी : मैं अव्यवस्थित नहीं हूँ। किसी का कोई भी षड्यन्त्र मुझे अव्यवस्थित नहीं कर सकता।

नन्द : षड्यन्त्र इसमें कोई नहीं है, सुन्दरी...!

सुन्दरी : षड्यन्त्र नहीं, तो क्या है ? *(मैत्रेय की ओर देखकर)* और इस षड्यन्त्र की प्रेरणा कहाँ से आई है, यह भी मैं अच्छी तरह जानती हूँ।

*[**मैत्रेय** आहत दृष्टि से पहले उसकी ओर, फिर **नन्द** की ओर देखता है। फिर भरा हुआ चषक*

*ज्यों-का-त्यों रख देता है। **नन्द** की आँखें झुक जाती हैं।]*

मैत्रेय : मैं आज्ञा चाहूँगा, कुमार ! और रुककर मैं राजकुमारी के उद्वेग का कारण नहीं बनना चाहता।

नन्द : *(स्थिति को सँभालने की चेष्टा में)* ठहरो, मैत्रेय ! तुम्हें सोचना चाहिए कि सुन्दरी के उद्वेग का वास्तविक कारण...।

सुन्दरी : *(अपने पर अधिकार खोकर)* अपने उद्वेग का वास्तविक कारण मैं स्वयं हूँ। और किसी को मैं अधिकार नहीं देती कि वह मेरे उद्वेग का कारण बन सके। आर्य मैत्रेय यदि जाना चाहते हैं, तो जाने दीजिए। कह दीजिए कि जिन-जिनके यहाँ होकर आए हैं, उन सबके यहाँ एक बार और होते जाएँ। उन सबसे कह दें कि मेरे यहाँ आने के लिए वे किसी कल की प्रतीक्षा में न रहें। वह कल अब उनके लिए कभी नहीं आएगा, कभी नहीं...।

[झटके के साथ बाईं ओर से चली जाती है।]

नन्द : *(आहत स्वर में)* ठहरो, सुन्दरी ! बात तो सुनो...।

[दो-एक पग उसके पीछे जाकर हताश भाव से आगे के दीपाधार की ओर लौट आता है।]

(बुदबुदाता हुआ) नहीं सुनोगी तुम...कभी नहीं सुनोगी।

*[पल-भर आँखें मूँदे रहता है। **मैत्रेय** धीरे से चलकर उसके पास आ जाता है।]*

मैत्रेय : मैं आज्ञा चाहूँगा, कुमार !

नन्द : देखो, मैत्रेय...!

मैत्रेय : मैं समझ सकता हूँ, कुमार !...अच्छा...।

*[अवसादपूर्ण भाव से सिर हिलाकर सामने के द्वार से चला जाता है। **नन्द** की आँखें दीपाधार की पुरुष-मूर्ति पर स्थिर हो रहती हैं।]*

नन्द : *(हल्की उसाँस के साथ)* नहीं समझ सकते, मैत्रेय...तुम कुछ भी नहीं समझ सकते। मैं स्वयं

नहीं समझ सकता, तो तुम भला कैसे समझ सकते हो !

[जाकर थका-सा चबूतरे पर बैठ जाता है। प्रकाश धीरे-धीरे मन्द होता है।]

अंक : दो

[वही कक्ष। रात का अन्तिम पहर।

***सुन्दरी** झूले में सोई है। **नन्द** अस्थिर भाव से कक्ष में टहल रहा है। अँधेरे में उसकी आकृति एक चलती-फिरती छाया-सी दिखाई देती है।*

*नेपथ्य से **श्यामांग** का ज्वर-प्रलाप सुनाई दे रहा है। नन्द बोलता है, तो नेपथ्य का स्वर धीमा पड़ जाता है। बीच-बीच में दोनों स्वर एक-दूसरे को काटते चलते हैं।]*

नेपथ्य (श्यामांग) : कहाँ हूँ मैं ? क्यों हूँ मैं यहाँ ?...मेरा स्वर, पानी की लहरों का स्वर, सब-कुछ एक आवर्त में घूम रहा है।...एक चील...एक चील सब-कुछ झपटकर लिये जा रही है। इसे रोको। इसे रोको...।

नन्द : आधी रात से अब तक यह स्वर नहीं रुका। सोचता था यह रुके, तो कुछ देर सोने का प्रयत्न करूँ। परन्तु यह स्वर जैसे रात पर ही नहीं, मेरी चेतना पर भी पहरा दे रहा है। यही मुझे भी सोने नहीं देता।

नेपथ्य (श्यामांग) : यह चील मुझे लिये जा रही है...जाने कहाँ ! इसे रोको।...नहीं, चील नहीं है यह। एक छाया है। काले अँधेरे कूप में भटकती छाया। अकेली...।

नन्द : *(पल-भर के लिए सुन्दरी के पास रुककर)* अच्छा है

तुम्हारी नींद नहीं खुली। तुम जाग जातीं, तो एक क्षण के लिए भी इस स्वर को सहन न कर पातीं। *(उसके पास से हटता हुआ)* चाहतीं कि जैसे भी हो, इसे रोक दिया जाए। परन्तु किस आदेश से रोकता इसे मैं ?

नेपथ्य (श्यामांग) : अन्धकूप में पानी नहीं है। इसका पानी कहाँ गया ? इसका पानी कौन ले गया ? मुझे पानी ला दो...पानी !

नेपथ्य (अलका) : यह रहा पानी। लो, पी लो थोड़ा सा।

नेपथ्य (श्यामांग) : कहाँ है पानी ?...*(मूर्च्छित होता स्वर)* नहीं, यह पानी नहीं। यह पानी नहीं...।

नन्द : *(दाईं ओर के द्वार के पास रुककर)*
अलका !

नेपथ्य (अलका) : कुमार !

नन्द : देखो, यहाँ कक्ष में अँधेरा है। दीपक जलाने के लिए अग्निकाष्ठ ला दो।

नेपथ्य (अलका) : अभी ला रही हूँ।

नन्द : *(अपने से)*
स्वर रुक गया है। लगता है मूर्च्छित हो गया है वह।

*[**अलका** अग्निकाष्ठ लिये हुए आती है। दीपाधार की ओर बढ़ने लगती है, तो **नन्द** अग्निकाष्ठ उससे लेने के लिए हाथ बढ़ा देता है।]*

लाओ, मुझे दो।

अलका : मैं जला देती हूँ।

नन्द : नहीं, मुझे दे दो। *(अग्निकाष्ठ उसके हाथ से लेकर)* लगता है तुम पूरी रात नहीं सोईं। श्यामांग रात-भर प्रलाप करता रहा है।

अलका : तो इसका अर्थ है कि आप भी रात-भर...?

नन्द : मुझे नींद नहीं आई।...तुम जाओ, श्यामांग को तुम्हारी आवश्यकता होगी।

अलका : वह इस समय मूर्च्छित है। यदि देवी सुन्दरी।

नन्द : वह अभी सो रही है। नींद देर से आई थी, इसलिए शायद देर से ही जागेगी। तुम जाओ, श्यामांग को फिर भी तुम्हारी आवश्यकता पड़ सकती है।

*[**अलका** सिर हिलाकर चली जाती है। **नन्द** पीछे के दीपाधार के दो-एक दीपक जला देता है। फिर अग्निकाष्ठ बुझाकर दीपाधार के नीचे रख देता है। उजाला हो जाने से कक्ष की धुँधली रेखाएँ स्पष्ट हो जाती हैं। झूले में बिछावन अस्त-व्यस्त है। दो-एक तकिए नीचे इधर-उधर पड़े हैं। चबूतरे पर तथा आसपास कुछ टूटी हुई फूल-मालाएँ बिखरी हैं। एक मदिरा-पात्र नीचे औंधा पड़ा है। लगता है वहाँ की कई-एक वस्तुएँ आवेश में इधर-उधर फेंकी गई हैं। **नन्द** एक टूटी हुई फूल-माला चबूतरे से उठा लेता है।]*

(माला को उँगलियों में उलझाता हुआ) बीत जाता है सब-कुछ। आशंका तभी तक रहती है जब तक कि वह अभी अनागत में होता है। *(सुन्दरी की ओर देखकर)* कितना विक्षोभ था सोने से पहले इसके मन में ! कुछ भी तो नहीं देखा इसने कि क्या कहाँ गिरा, क्या कैसे टूट गया !...ओह कैसा-कैसा लगा था उस समय ! मन होता था कि...परन्तु इसका विक्षोभ अस्वाभाविक भी तो नहीं था। पहले दिन-भर के उत्साह की थकान, फिर अतिथियों के न आने की निराशा। फिर भी इतना तो इसे सोचना चाहिए था कि मैंने इसे निराशा से बचाए रखने का ही तो प्रयत्न किया था।...कह नहीं सकता कौन सा उन्माद अधिक भयानक है—वह जो चेतना की ग्रन्थियों को तोड़ देता है, या वह जो उनमें एक ज्वार ले आता है ? *(पल-भर पास से सुन्दरी को देखता रहकर)* सच कभी-कभी कितना अवसाद घिर आता है मन में ! *(हल्की उसाँस के साथ)*

परन्तु फिर तुम्हारी आँखों में देखते ही अवसाद की धुन्ध न जाने कहाँ छँट जाती है।...शायद उन्माद की एक और भी स्थिति है जो मुझमें है। कुछ है जो चेतना पर कुंडली मारे बैठा रहता है, और मुझे अपने से मुक्त नहीं होने देता। मैं उससे मुक्त होना चाहता हूँ...परन्तु क्या सचमुच मुक्त होना चाहता हूँ ? क्या चाहता हूँ, यह क्यों कभी मन में स्पष्ट नहीं हो पाता ? *(पुनः सुन्दरी की ओर देखकर)* उस समय तुम क्रोध में थीं, तो कितनी उग्र, कितनी कठोर, कितनी प्रखर लग रही थीं ! इस समय सो रही हो, तो कितनी करुण, कितनी निर्भर, कितनी अबोध लग रही हो। बिल्कुल उस मृग की तरह जिसे कल वन में पड़ा छोड़ आया था। जब तक वह चुनौती देता दौड़ रहा था, तब तक वह भी कितना प्रखर था ! परन्तु उसके बाद...।

*[पल-भर आँखें मूँदकर अपने को सहेजने का प्रयत्न करता है। **सुन्दरी** हल्की सी अँगड़ाई लेकर आँखें खोल लेती है।]*

सुन्दरी : आप अभी तक इस कक्ष में हैं ?...अभी प्रभात नहीं हुआ ?

नन्द : नहीं, तुम उठ क्यों गईं ? अभी सो रहो।

*[**सुन्दरी** दो-एक तकियों के सहारे अधलेटी-सी बैठकर एक अलसाई दृष्टि चारों ओर डालती है।]*

सुन्दरी : ये दीपक रात-भर जलते रहे ? बुझे नहीं ?

नन्द : बुझ गए थे। मैंने अभी जलाए हैं।

सुन्दरी : आपने जलाए हैं ? क्यों ? दास-दासियाँ...?

नन्द : मैं नहीं चाहता कोई भी इस समय यहाँ की अव्यवस्था को देखे।

सुन्दरी : आप सोए नहीं ?

नन्द : चेष्टा की थी। नींद नहीं आई।

*[उसके पास आ जाता है। **सुन्दरी** उसका हाथ*

अपने हाथ में लेकर उसे पास बिठा लेती है।]

सुन्दरी : मेरे प्रति मन में बहुत क्रोध था ?

नन्द : तुम्हारे प्रति क्रोध ? मेरे मन में ? ऐसा तुम सोच सकती हो ?

सुन्दरी : कभी-कभी चाहती हूँ सोच सकूँ।

[तकिए से हटकर उससे टेक लगा लेती है।]

सच आप कभी मुझ पर क्रोध क्यों नहीं करते ? *(उसके बालों से खेलती हुई)* इतनी बार इतनी तरह के कारण होते हैं, फिर भी...?

नन्द : सोचता हूँ यह सब सहेज देना ठीक होगा।

[हल्के से अपने को उससे अलग करके वहाँ से उठ पड़ता है।]

दास-दासियाँ सब-कुछ इस तरह पड़ा देखेंगी, तो...।

सुन्दरी : तो क्या होगा ? हमारे अन्तरंग जीवन को लेकर उन्हें कुछ भी सोचने का अधिकार नहीं है।

नन्द : *(बिखरी वस्तुओं को सहेजता हुआ)* कहने का अधिकार न हो, परन्तु सोचने का अधिकार तो हर एक को रहता ही है।

सुन्दरी : *(हल्की हँसी के साथ)* कितना अच्छा लग रहा है !

नन्द : क्या ?

सुन्दरी : आपका यह सब सहेजना। मन होता है कि...।

नन्द : क्या मन होता है ?

सुन्दरी : कुछ नहीं *(थोड़ा झुककर औंधे मदिरापात्र को हाथ से हिलाती हुई)* यह मदिरापात्र औंधा कैसे हो गया ?

नन्द : तुम नहीं जानतीं ?

[मदिरापात्र उठाने लगता है, तो **सुन्दरी** *उसका हाथ पकड़कर उठ जाती है।]*

सुन्दरी : मुझे बहुत खेद है।

नन्द : किस बात के लिए ?

सुन्दरी : *(मदिरापात्र उसके हाथ से लेकर मदिराकोष्ठ की*

ओर जाती हुई) रात के अपने व्यवहार के लिए।

[मदिरापात्र रखकर उसकी ओर लौट आती है। पास आकर उसके दोनों हाथ अपने हाथों में ले लेती है।]

सचमुच बहुत खेद है।

नन्द : तुम व्यर्थ ही मन में खेद ला रही हो। उस समय तुम बहुत विक्षुब्ध थीं। तुम्हारी मनःस्थिति में मैं होता, तो शायद मैं भी वैसा ही करता।

सुन्दरी : आप कभी न करते। आपको मैं जानती नहीं हूँ ?

नन्द : जानती हो, तो यह सब किसलिए कह रही हो ?

सुन्दरी : *(उसे दृष्टि से बाँधती हुई)* ऐसे ही। कहना अच्छा लगता है। कभी-कभी सोचती हूँ कि...।

नन्द : क्या सोचती हो ?

सुन्दरी : कि कभी आप मुझसे रुष्ट हो जाएँ, दो-एक रातें मेरे कक्ष में न आएँ, तो कैसा लगेगा ?

नन्द : अच्छा लगेगा ?

सुन्दरी : नहीं, फिर भी चाहती हूँ कि...।

[नेपथ्य से प्रभात की शंखध्वनि सुनाई देती है।]

...प्रभात की शंखध्वनि ! तो आपने पूरी रात बिना सोये ही काट दी !

नन्द : इससे क्या होता है ? सोने के लिए क्या और रातें नहीं आएँगी ?

सुन्दरी : *(उठकर श्रृंगार-कोष्ठ की ओर जाती हुई)* आएँगी तो, परन्तु...*(पल-भर दर्पण में अपने को देखती रहकर)* सोकर उठने पर अपना चेहरा कैसा लगता है !

नन्द : कैसा लगता है ?

सुन्दरी : इसमें कान्ति है ही नहीं। आपको नहीं लगता ?

नन्द : ना, मुझे नहीं लगता। मुझे तो तुम...

[सुन्दरी भौंहें उठाकर उसकी ओर देखती है।]

...बल्कि और भी सुन्दर लगती हो।

सुन्दरी : ये सब कहने की बातें हैं। अच्छा, आप थोड़ी देर बाहर चले जाएँ। मैं अलका को बुलाकर प्रसाधन कर लूँ।

नन्द : *(प्रगल्भ भाव से)* मैं यहाँ रहकर देखता रहूँ, तो तुम्हें आपत्ति है ?

सुन्दरी : हाँ, है। *(पास आकर उसे सामने के द्वार की ओर भेजने का प्रयत्न करती हुई)* जाइए आप।

*[**नन्द** उसके होंठों पर झुकना चाहता है, परन्तु वह मुँह दूसरी ओर हटा लेती है।]*

जाइए न !

*[**नन्द** उसी प्रगल्भ भाव से उसके बालों को सहलाकर बाहर गवाक्ष के पास चला जाता है और दोनों बाँहें गवाक्ष पर फैलाकर प्रत्यूष के हल्के उजाले को देखने लगता है। **सुन्दरी** पुनः दर्पण के पास जाकर अलग-अलग कोण से चेहरा उसमें देखती है।]*

अलका !

*[दाईं ओर से **नीहारिका** आती है।]*

नीहारिका : देवि !

सुन्दरी : नीहारिका !...अलका कहाँ है ?

नीहारिका : अभी-अभी बाहर गई है। कह गई है कि आपका कोई आदेश हो, तो मैं...।

सुन्दरी : परन्तु गई कहाँ है ?

नीहारिका : कह रही थी कविराज से कुछ पूछने जा रही है। श्यामांग रात भर...।

सुन्दरी : ओह, श्यामांग ! मैं भूल गई थी कि मैंने परिचर्या के लिए उसे यहाँ बुला लिया है।...इस समय मुझे शृंगार-प्रसाधन के लिए अलका की आवश्यकता थी। तू जा, तुझसे वह काम नहीं होगा।

नीहारिका : आप आदेश दें, तो मैं जाकर...!

सुन्दरी : नहीं, उसे श्यामांग का उपचार करने दे। मैं अपना प्रसाधन स्वयं कर लूँगी।

*[**नीहारिका** सिर झुकाकर दाईं ओर से चली जाती है। **सुन्दरी** एक बार घूमकर **नन्द** की ओर देख लेती है। फिर मुस्कुराकर दर्पण में देखती हुई गुनगुनाने लगती है :]*

स राजपुत्रः प्रियया विहीनः, शोकेन मोहेन च पीड्यमानः... ।

(पुनः नन्द की ओर देखकर) सुनिए।

*[**नन्द** के उत्तर न देने से फिर गवाक्ष की ओर देख लेती है।]*

लगता है बाहर जाकर किसी का कुछ खो गया है।

*[**नन्द** गवाक्ष के पास से हट आता है।]*

नन्द : मैं दूर जंगल के घने वृक्षों को देख रहा था।

सुन्दरी : क्यों ? प्रभात होते ही फिर आखेट का उत्साह जाग आया ?

नन्द : नहीं, उस मृग की बात सोच रहा था। सोच रहा था कि घने वृक्षों की ओट में पड़ा वह... ।

सुन्दरी : *(पुनः दर्पण के पास आकर)* यहाँ आइए।

नन्द : ...वहाँ पड़ा कल वह कैसा लग रहा था...! और इस समय प्रभात का फीका चाँद भी मुझे कुछ वैसा ही लगा—कोमल, अक्षत और निर्जीव।

सुन्दरी : *(अपने में व्यस्त)* देखिए, अलका नहीं है। मुझे अपना प्रसाधन स्वयं करना होगा।

नन्द : *(अपने में व्यस्त)* लगा कि घने वृक्षों की ओट में वह सदा से इसी तरह अटका है—इस आशा में कि कोई उसे वहाँ पड़ा देख लेगा और बाँहों में उठाकर ले जाएगा... ।

सुन्दरी : आपने सुना है मैंने क्या कहा है ?

नन्द : *(अपने को सहेजकर)* क्या कहा है ?

सुन्दरी : कहा है कि अलका नहीं है, मुझे अपना प्रसाधन स्वयं करना है। इसलिए आपको यहाँ रहकर मेरी सहायता करनी है।

नन्द : परन्तु अभी तो तुमने कहा था कि... ।

सुन्दरी : वह तो तब कहा था। अब कह रही हूँ कि आपको यहाँ रहना है और मेरी सहायता करनी है।

[दर्पण में देखती हुई बाल खोलने लगती है।]

नन्द : और अभी थोड़ी देर में फिर कह दोगी कि...।

*[**सुन्दरी** बाल कन्धे पर फैलाकर मदिर भाव से उसकी ओर देखती है।]*

सुन्दरी : बाधा नहीं डालते। *(पुनः दर्पण में देखती हुई)* एक बात कहूँ ?

नन्द : कहो।

सुन्दरी : आपको माननी होगी।

नन्द : तुम्हारी बात मैं कब नहीं मानता ?

सुन्दरी : वचन देना होगा कि कल रात जो कुछ हुआ, उसे बिल्कुल भूल जाएँगे।

नन्द : तुम्हें लगता है कि कल रात ऐसा कुछ हुआ है ?

सुन्दरी : और उस विषय में सोचेंगे भी नहीं।

नन्द : यह तुम अपने से क्यों नहीं कहतीं जो अब भी उस विषय में सोच रही हो ?

सुन्दरी : और मुझे कभी उसकी याद भी नहीं दिलाएँगे।

नन्द : मुझे याद रहेगी, तो न याद दिलाऊँगा ?

सुन्दरी : और आज दिन-भर प्रसन्न रहेंगे।

नन्द : *(प्रयत्न के साथ)* हाँ, प्रसन्न क्यों नहीं रहूँगा ?

सुन्दरी : प्रातः उठते ही मृग की बात सोचेंगे, तो कैसे प्रसन्न रहेंगे ?

*[**नन्द** पास आकर दोनों हाथ उसके कन्धों पर रख देता है।]*

नन्द : देखो, एक बात का मैं कभी निश्चय नहीं कर पाता।

सुन्दरी : किस बात का ?

नन्द : कि मैं किस पर अधिक मुग्ध हूँ—तुम्हारी सुन्दरता पर या चातुरी पर।

*[**सुन्दरी** कृत्रिम रोष के साथ उठ खड़ी होती है।]*

सुन्दरी : आप मुझे चतुर कहते हैं ?

नन्द : नहीं हो तुम ?

सुन्दरी : *(जैसे बहुत भोलेपन से)* नहीं तो।

*[**नन्द** उसे बाँहों में भर लेना चाहता है, परन्तु वह छिटककर उससे अलग हो जाती है।]*

ना ना। *(व्यस्ततापूर्वक ढूँढ़ती हुई)* चन्दनलेप कहाँ है ? अलका ने न जाने...।

*[**नन्द** झुककर नीचे से गिरी हुई कटोरी उठा लेता है और **सुन्दरी** की ओर बढ़ा देता है।]*

नन्द : चन्दनलेप यहाँ है। यह लो।

*[**सुन्दरी** कटोरी निराश भाव से रख देती है।]*

सुन्दरी : यह तो खाली है। जो थोड़ा-बहुत लेप है, वह भी सूखा है।

नन्द : याद नहीं कल रात तुम्हीं ने...?

सुन्दरी : *(आखों में रोष लाकर)* फिर कल की बात करते हैं ?

नन्द : *(मुस्कुराकर)* अच्छा, अब नहीं करूँगा।

सुन्दरी : परन्तु अब ज़ो की...इसके लिए दंड भुगतना पड़ेगा।

नन्द : क्या दंड होगा ?

सुन्दरी : *(जैसे सोचती हुई)* दंड होगा...कि आपको...दर्पण लेकर...वहाँ खड़े होना होगा। यहाँ उजाला नहीं है, मैं अपने को ठीक से देख नहीं पा रही।

नन्द : बस इतना ही ?

*[दर्पण उठाने लगता है, परन्तु **सुन्दरी** उसका हाथ रोक लेती है।]*

सुन्दरी : नहीं, इतना ही नहीं। इसके अतिरिक्त आज दिन-भर कहीं जाना नहीं होगा—आखेट के लिए भी नहीं। यहाँ मेरे पास रहना होगा।

नन्द : सारा दिन ?

सुन्दरी : आपत्ति करेंगे, तो दंड और बढ़ जाएगा।

नन्द : मैंने आपत्ति कहाँ की है ?

सुन्दरी : तो लीजिए दर्पण।...नहीं, ठहरिए। *(चन्दनलेप की*

कटोरी हाथ में लेकर) लेप सूख गया है, विशेषक कैसे बनाऊँगी ? *(प्रगल्भ दृष्टि से उसे देखकर)* इसे भिगो लाएँगे ?

नन्द : *(अन्तर के अवरोध पर वश पाकर)* क्यों नहीं भिगो लाऊँगा ? *(अधिक सहज भाव से)* आपत्ति करूँगा, तो... ।

सुन्दरी : फिर वही बात ?

नन्द : *(और अधिक सहज भाव से)* अच्छा, यह भी नहीं कहूँगा ।

*[कटोरी लेकर दाईं ओर से चला जाता है। **सुन्दरी** उसे जाते देखकर पीछे से मुस्कुराती है।]*

सुन्दरी : *(दबी सी हँसी के साथ)* यह भी नहीं कहेंगे ! और क्या-क्या नहीं कहेंगे ?

*[**नन्द** लेप को तीली से हिलाता हुआ लौट आता है।]*

नन्द : *(पास आकर)* यह लो।

सुन्दरी : *(कटोरी उसके हाथ से लेकर)* पता है लोग क्या कहते हैं ?

नन्द : क्या कहते हैं आपका ब्याह एक यक्षिणी से हुआ है जो हर समय आपको अपने जादू से चलाती है।

नन्द : इसमें झूठ क्या है ?

सुन्दरी : झूठ नहीं है ? सच है यह ?

नन्द : यक्षिणी हो या नहीं, मैं नहीं कह सकता, परन्तु मानवी तुम नहीं हो। *(हल्के से उसकी ठोड़ी ऊपर उठाकर)* ऐसा रूप मानवी का नहीं होता।

सुन्दरी : नहीं होता ? मानवी का रूप बहुत देखा है ?

[दर्पण आधार से उठाकर उसकी ओर बढ़ा देती है।]

लीजिए दर्पण।...जाकर सामने खड़े हो जाइए।

*[**नन्द** दर्पण लेकर कुछ दूर जा खड़ा होता है।]*

इस तरह नहीं।

[पास जाकर दर्पण उसके हृदय से सटा देती है।]

इस तरह।

[फिर लौटकर दर्पण में देखती हुई चन्दनलेप की कटोरी हाथ में ले लेती है।]

अब मुझे विशेषक बनाने दीजिए।

[विशेषक बनाने के लिए हाथ माथे तक ले जाती है। दूर से भिक्षु-भिक्षुणियों का समवेत स्वर सुनाई देने लगता है। उसका हाथ पल-भर रुका रहता है। स्वर क्रमशः पास आता जाता है।]

नेपथ्य : *(समवेत)*

धम्मं शरणं गच्छामि
संघं शरणं गच्छामि
बुद्धं शरणं गच्छामि

[पृष्ठभूमि में यह स्वर निरन्तर चलता रहता है। ***नन्द*** *का भाव अन्तर्मुख हो जाता है। उसके हाथों में दर्पण स्थिर नहीं रहता।* ***सुन्दरी*** *का हाथ माथे से हट आता है।]*

सुन्दरी : दर्पण हिल गया। आप क्या कुछ समय स्थिर नहीं रह सकते ?

नन्द : *(अपने को थोड़ा सहेजकर दर्पण को स्थिर रखने का प्रयत्न करता हुआ)* अब ठीक है ?

सुन्दरी : नहीं।

नन्द : *(और प्रयत्न से दर्पण को सँभालकर)*
अब ?

सुन्दरी : अब भी नहीं।

नन्द : *(अपना ध्यान पूरी तरह दर्पण पर केन्द्रित करके)*
अब ?

सुन्दरी : अब कुछ ठीक है। देखिए, अब नहीं हिलिएगा।

[पुनः विशेषक बनाने का प्रयत्न करती है।

परन्तु तभी हाथ रोककर रोष-भरी दृष्टि से **नन्द** *को देखती हुई अपने स्थान से उठ जाती है।]*

रख दीजिए दर्पण !

नन्द : क्यों ? अब क्या हुआ ? इस बार तो दर्पण नहीं हिला।

सुन्दरी : हिला नहीं, आपकी साँस से धुँधला गया है। आप जान-बूझकर... ।

नन्द : मैंने जान-बूझकर कुछ नहीं किया। *(उत्तरीय से दर्पण पोंछकर)* अच्छा, अब बनाओ विशेषक।

सुन्दरी : मैंने कहा है दर्पण रख दीजिए। मुझे विशेषक नहीं बनाना है।

[बढ़कर चबूतरे की ओर चली जाती है।]

नन्द : *(दर्पण का मुँह उसकी ओर करके)* जब तक विशेषक नहीं बनाओगी, मैं तुम्हें दर्पण की छाया से बाहर नहीं जाने दूँगा।

*[***सुन्दरी*** दर्पण के सामने से हटना चाहती है, परन्तु वह निरन्तर दर्पण का मुँह उसकी ओर किए रहता है।]*

अब भी दर्पण की छाया तुम्हारे ऊपर है और तुम्हारी छाया दर्पण के अन्दर है।

सुन्दरी : आप दर्पण रख दीजिए। मुझे विशेषक नहीं बनाना है, नहीं बनाना है, नहीं बनाना है।

[परे चली जाती है। **नन्द** *दर्पण ऊँचा उठाने लगता है कि एकाएक भिक्षुओं का स्वर रुक जाने से हाथों में दर्पण का सन्तुलन बना नहीं रहता और वह गिरकर टूट जाता है।]*

सुन्दरी : *(सहसा स्तब्ध होकर)* दर्पण...टूट गया ?

*[***नन्द*** भी स्तब्ध-सा एक बार* **सुन्दरी** *को, फिर टूटे हुए दर्पण को देखता है। तभी भिक्षु-भिक्षुणियों का समवेत स्वर पुनः आरम्भ हो जाता है और क्रमशः दूर हटता जाता है।]*

नेपथ्य : *(समवेत)*

धम्मं शरणं गच्छामि
संघं शरणं गच्छामि
बुद्धं शरणं गच्छामि।

[नन्द कुछ पल उसी भाव से अपने स्थान पर खड़ा रहता है। फिर बढ़कर सुन्दरी के पास आ जाता है।]

नन्द : मुझे खेद है, सुन्दरी...।

[समवेत स्वर धीमा पड़ता हुआ विलीन हो जाता है।]

(उसके कन्धे पर हाथ रखकर) सुन्दरी !

सुन्दरी : *(उसका हाथ हटाकर)* आप अपने कक्ष में चले जाएँ। मैं कुछ देर एकान्त में रहना चाहूँगी।

नन्द : देखो...।

सुन्दरी : मैंने कहा है न मैं कुछ देर एकान्त में रहना चाहूँगी ?

नन्द : मुझे यहाँ से जाने का अधिकार नहीं है। मैं दिन-भर तुम्हारे पास रहने का वचन दे चुका हूँ।

सुन्दरी : वचन मुझे दिया था न ? अब मेरी ओर से आप वचन-मुक्त हैं।

नन्द : परन्तु मैं नहीं चाहता वचन-मुक्त होना।

[सुन्दरी पल-भर आँखें मूँदे रहती है।]

(जैसे स्थिति को सँभालने की चेष्टा में) सुनो...जो टूटा है, वह तो कच्चे रजत का दर्पण है। तुम कहा करती हो न कि तुम्हारा वास्तविक दर्पण तो...।

सुन्दरी : उस बात को जाने दीजिए।

नन्द : *(उसकी पीठ पर हाथ रखकर)* अच्छा आओ, वहाँ चलकर बैठो।

सुन्दरी : *(उसका हाथ हटाती हुई)* मैं एक बात जानना चाहती हूँ।

नन्द : वहाँ आ जाओ। वहीं बात करेंगे।

[उसकी पीठ पर हाथ रखे उसे मत्स्याकार आसन पर ले आता है।]

बताओ, क्या जानना चाहती हो ?

सुन्दरी : जानना चाहती हूँ कि दर्पण का टूटना क्या अकारण ही था या आप उस समय कोई और बात सोच रहे थे ?

नन्द : क्रोध मन से निकाल दो। मैं अभी अपने हाथ से तुम्हारे माथे पर विशेषक बना देता हूँ।

[चन्दन लेप की कटोरी लाने शृंगार-कोष्ठ की ओर जाता है।]

सुन्दरी : आपने मेरी बात का उत्तर नहीं दिया।

नन्द : तुम कैसे कहती हो कि मैं उस समय कोई और बात सोच रहा था ?

सुन्दरी : आप उस समय उनकी बात नहीं सोच रहे थे ?

नन्द : किनकी ?

सुन्दरी : जिन्होंने आज भिक्षुणी के रूप में दीक्षा ग्रहण की है ?

नन्द : केवल इसलिए कि भिक्षुओं की टोली उस समय भवन के बाहर रुकी थी ?

सुन्दरी : और इसलिए कि ज्योंही भिक्षुओं का स्वर रुका, त्योंही...।

नन्द : यह तुम्हारे मन का भ्रम है, और कुछ नहीं। बात केवल इतनी है कि मैंने दर्पण अधिक ऊँचा उठा दिया था जिससे उसका सन्तुलन बना न रह सका।

सुन्दरी : सच कह रहे हैं ?

नन्द : *(थोड़ा अव्यवस्थित)* तुमसे झूठ क्यों कहूँगा ?

[सुन्दरी खोजती-सी दृष्टि से उसकी ओर देखती हुई आसन से उठ पड़ती है।]

सुन्दरी : आप यह नहीं सोच रहे थे कि भिक्षुओं की टोली में भिक्षुणी यशोधरा भी होंगी...कि आपसे भिक्षा लेने के लिए वे ही इस द्वार पर रुकी होंगी ?

नन्द : मैं तो नहीं, पर शायद तुम यह बात सोच रही थीं। इसीलिए तुम्हें लगा कि मैं भी...।

सुन्दरी : आप मुझसे कहते हैं कि मैं यह बात सोच रही थी ?

मुझे यही बात तो सोचनी थी उस समय !

[टूटे दर्पण के पास आ जाती है।]

इधर आइए।

[नन्द अपने पर वश पाने का प्रयत्न करता हुआ चन्दनलेप की कटोरी लिये उसके पास आ जाता है।]

इसमें मुझे देखिए। कैसा लगता है मेरा टूटा प्रतिबिम्ब ?

नन्द : मैं उसमें तुम्हें क्यों देखूँ ? बाहर जो देख रहा हूँ।

सुन्दरी : बाहर भी ऐसे ही अपरूप लगती हूँ ?

नन्द : टूटे दर्पण में अपने को देखना बहुत अच्छा लग रहा है ?

सुन्दरी : अच्छा लग रहा है ! यह दो भागों में बँटा चेहरा—खंडित मस्तक, खंडित सीमान्त...।

नन्द : *(उसके सिर पर हाथ रखकर चेहरा अपनी ओर उठाने के प्रयत्न में)* केवल यदि यह अखंड रूप तुम अपनी आँखों से देख पातीं...।

[सुन्दरी पल-भर उसकी ओर देखती रहती है।]

सुन्दरी : आप कह रहे थे न अपने हाथों से मेरा प्रसाधन करेंगे ?

नन्द : तुम ऐसे ही रुकी रहो। मैं अभी क्षण-भर में तुम्हारे माथे पर पूरा आकाश चित्रित कर दूँगा।
बीच में सूर्य और दोनों ओर सोम और बृहस्पति। ऊपर-नीचे शेष चारों ग्रह तथा कर्णफूलों के पास राहु और केतु...।

सुन्दरी : आप मेरा सारा प्रसाधन करेंगे ? बाल बाँधेंगे ? बाँहों पर गोरोचन लगाएँगे ? शरीर पर सुरभि-मर्दन करेंगे ?

नन्द : *(स्थिर दृष्टि से उसे देखता हुआ)* क्यों नहीं करूँगा ?

[सुन्दरी अपना माथा उसकी ओर बढ़ा देती है।]

सुन्दरी : अच्छा तो पहले विशेषक बना दीजिए।

[नन्द थोड़ा लेप उँगली पर लेकर उसके माथे पर विशेषक बनाने लगता है। तभी हवा से सामने का द्वार खुल जाता है।]

नन्द : *(चौंककर)* कोई आया है ?

[बाहर से केवल हवा का शब्द सुनाई देता है।]

सुन्दरी : आया कोई नहीं है। केवल हवा है।

नन्द : ऐसी हवा ?...ठहरो, मैं किवाड़ बन्द कर दूँ।

[लेप रखकर द्वार की ओर जाता है। बाहर से हवा के साथ ऐसा शब्द सुनाई देता है जैसे कई कबूतर एक-साथ गुटर-गूँ गुटर-गूँ कर रहे हों। वह किवाड़ बन्द करता है, तो शब्द रुक जाता है।]

जाने ऐसी हवा एकाएक कैसे चलने लगी !

सुन्दरी : हवा भी किसी से पूछकर चलती है क्या ?

नन्द : तुमने सुना हवा के अतिरिक्त और कैसा स्वर सुनाई दिया ?

सुन्दरी : हवा से डरे हुए कबूतर हैं। पहले नहीं बोलते क्या ?

नन्द : परन्तु यह स्वर बहुत असाधारण था। ठहरो, फिर से सुनो...।

[पुनः किवाड़ खोलता है, तो वैसा शब्द सुनाई नहीं देता। केवल लगता है जैसे एक खुटकबढ़ैया सन्नाटे में लगातार चोंच से लकड़ी पर प्रहार कर रही हो।]

यह क्या ? जितने आकस्मिक ढंग से वह स्वर सुनाई दिया, उतने ही आकस्मिक ढंग से विलीन भी हो गया ! और उसके स्थान पर कुट्-कुट् का यह शब्द...।

सुन्दरी : आपका मन इतना कच्चा है, मैं नहीं जानती थी।

नन्द : *(उसकी ओर आता हुआ)* तुम्हें इसमें सचमुच कुछ भी असाधारण नहीं लगा।

सुन्दरी : मेरा मन साधारण बातों में असाधारण अर्थ नहीं ढूँढ़ता।

नन्द : परन्तु तुमने सुना तो था कि कैसे...

[दूर से किसी के दौड़ते हुए आने का शब्द सुनाई देता है।]

...कोई दौड़ता हुआ आ रहा है। इस समय कौन हो सकता है यह ?

सुन्दरी : कोई भी हो सकता है। *(आँखों में हल्की वितृष्णा का भाव लिये स्थिर दृष्टि से उसे देखती हुई)* आप तो बस...।

*[प्रतीक्षा का हल्का विराम। **अलका** दौड़ती हुई अव्यवस्थित भाव से सामने के द्वार से आती है।]*

अलका : देवि !...कुमार !

सुन्दरी : क्या हुआ है तुझे, अलका ? इस तरह घबराई हुई क्यों है ? श्यामांग ठीक तो है ?

अलका : *(हाँफती हुई)* वह...वह तो...अभी मूर्च्छित है। मैं आपसे...आपसे एक और बात कहने आई थी।

सुन्दरी : ऐसी बात है जो इसी समय कहनी आवश्यक थी ?

अलका : हाँ, देवि ! मैं बाहर से आ रही थी...तो देखा...देखा कि आँगन के द्वार पर एक भिक्षु-मूर्ति भिक्षा के लिए खड़ी है। उसने दो बार भिक्षा-याचना की, फिर सहसा लौट पड़ी। तभी मैंने उसे उजाले में देखा। देखा कि वह और कोई नहीं...स्वयं गौतम बुद्ध हैं। देखते ही...मैं सूचना देने के लिए...यहाँ चली आई।

*[पल-भर तीनों में से कोई नहीं बोलता। **सुन्दरी** एक बार **नन्द** की ओर देखकर आगे के दीपाधार की ओर बढ़ जाती है।]*

सुन्दरी : जा, अलका ! अच्छा किया जो तूने आकर सूचना दे दी।

नन्द : *(अलका से)* तुमने ठीक से देखा है कि स्वयं

भाई...कि स्वयं गौतम बुद्ध भिक्षा के लिए आए थे ?

अलका : और किसी को पहचानने में भूल कर सकती हूँ, उन्हें पहचानने में नहीं। दो बार याचना करने पर भी कोई उनके पात्र में भिक्षा डालने नहीं आया, तो वे आँखें उठाकर पल-भर इस गवाक्ष की ओर देखते रहे। फिर सहसा लौट पड़े। मेरा मन हुआ कि पीछे से जाकर उन्हें रोकूँ, परन्तु आपसे आदेश पाए बिना...।

सुन्दरी : तू जा, अलका ! कोई द्वार तक आकर लौट गया है, तो उसके पीछे जाने की आवश्यकता नहीं। जाकर विश्राम कर, मैंने सुना है तू रात-भर सोई नहीं है।

अलका : *(असमंजस में नन्द की ओर देखकर)* तो क्या...?

सुन्दरी : *(आवेश में उसकी ओर मुड़कर)* इसके बाद और भी कुछ पूछना शेष है क्या ?

*[**अलका** आहत भाव से दोनों की ओर देखकर सिर झुका लेती है और चुपचाप दाईं ओर से चली जाती है। **सुन्दरी** पल-भर अपने स्थान पर खड़ी रहती है। फिर गहरी दृष्टि से एक बार **नन्द** की ओर देख लेती है।]*

क्या सोच रहे हैं ?

नन्द : *(अव्यवस्थित)* ...नहीं, सोच कुछ नहीं रहा।

*[**सुन्दरी** चन्दनलेप की कटोरी हाथ में लिये उसके पास आ जाती है।]*

सुन्दरी : *(कटोरी उसकी ओर बढ़ाकर)* मेरे माथे पर विशेषक नहीं बनाएँगे ?

नन्द : *(अपने में खोया-सा)* विशेषक ?...अ...हाँ...! *(हाथ बढ़ाकर)* लाओ, दो मुझे।

सुन्दरी : *(कटोरी हटाकर)* नहीं, इस मन से नहीं। पहले बताएँ क्या सोच रहे हैं ?

नन्द : सोच रहा था कि...।

सुन्दरी : उन्हें कैसा लगा होगा...उन्होंने मन में क्या सोचा होगा। यही न ?

नन्द : हाँ...और साथ यह भी कि...।

सुन्दरी : मैंने अलका को उनके पीछे जाने से रोककर अच्छा नहीं किया।...और ?

[नन्द पल-भर उसे देखता रहता है। फिर दो-एक पग उसकी ओर बढ़ आता है।]

नन्द : तुम्हें नहीं लगता कि मुझे एक बार जाकर उनसे इस प्रमाद के लिए क्षमा माँगनी चाहिए ?

सुन्दरी : सचमुच ऐसा सोचते हैं ?

[आँखें उसके चेहरे से हटाकर शृंगार-कोष्ठ की ओर बढ़ जाती है।]

तो चले क्यों नहीं जाते ?

नन्द : *(उसकी ओर बढ़ता हुआ)* सोचता हूँ कि यदि जाना हो, तो...।

सुन्दरी : इसी समय जाना चाहिए...यही न ? तो चले जाइए।

[घूमकर उसकी ओर देखती है। नन्द की आँखों से गहरा असमंजस झलक रहा है।]

मुझे दिए वचन के कारण विवशता का अनुभव करते हैं ? वह विवशता नहीं रहेगी।

[नन्द फिर भी चुपचाप उसकी ओर देखता रहता है।]

मैं अपनी ओर से आपको वचन-मुक्त कर रही हूँ।...अब भी मन में दुविधा है ?

नन्द : *(जैसे अपने से संघर्ष करता हुआ)* नहीं, दुविधा नहीं है...तुम मन से कह रही हो न, चला जाऊँ ?

सुन्दरी : मन से नहीं, तो कैसे ?

नन्द : मैं अधिक समय नहीं लूँगा। नदी-तट तक आने-जाने में जितना समय लगता है, उसके अतिरिक्त घड़ी-भर समय और।

सुन्दरी : *(उसे आँखों से तौलती हुई)* मैं प्रतीक्षा करूँगी।

*[**नन्द** और पल-भर अनिश्चित भाव से खड़ा रहता है। फिर चलने लगता है।]*

नन्द : अच्छा...।

*[**सुन्दरी** कटोरी लिये दो-एक पग उस ओर बढ़ आती है।]*

सुन्दरी : सुनिए।

*[**नन्द** रुककर उसकी ओर देखता है। **सुन्दरी** पास आ जाती है।]*

पूरा आकाश नहीं....पर एक ग्रह तो माथे पर अंकित कर ही दीजिए।

नन्द : *(कटोरी उससे लेता हुआ)* देखो, तुम्हें मेरा जाना अच्छा नहीं लग रहा, तो मैं...।

सुन्दरी : मैंने कहा है मुझे अच्छा नहीं लग रहा ? मैंने तो एक ग्रह माथे पर अंकित कर देने को कहा है।

*[**नन्द** अनिश्चित भाव से उसे देखता हुआ उसके माथे पर एक बिन्दु अंकित कर देता है।]*

कौन सा ग्रह है यह ?

नन्द : सूर्य...!

सुन्दरी : तो सूर्य का शेष परिवार आप लौटकर अंकित करेंगे। आपके लौटने तक मैं इस बिन्दु को सूखने नहीं दूँगी।

नन्द : परन्तु यह कैसे होगा ? यह बिन्दु तो कुछ ही क्षणों में सूख जाएगा, और मुझे लौटकर आने में...।

सुन्दरी : मैंने कहा है न मैं इसे सूखने नहीं दूँगी। निरन्तर भिगोकर गीला रखूँगी।

*[**नन्द** धीरे से आँखें हिलाता है।]*

और शेष प्रसाधन भी आपके आने पर ही करूँगी। तभी बाल भी बाँधूँगी।

नन्द : *(हल्की मुस्कुराहट के साथ)* और सब कह दोगी, यही नहीं कहोगी कि मुझे जल्दी-से-जल्दी लौट आना है।

सुन्दरी : *(उसके हाथ हाथों में लेकर उसे आँखों से बाँधती*

हुई) कल आप...रात-भर सो नहीं सके न ?

नन्द : तो ?

सुन्दरी : तो कुछ नहीं।...देर से आएँगे, तो आज भी रात-भर जागने का दंड दूँगी। सोना चाहेंगे, तो फूलों से कान सहलाकर जगा दूँगी। फिर भी नींद आएगी, तो...।

[मुस्कुराकर उसके हाथ छोड़ देती है।]

सोने नहीं दूँगी।

नन्द : *(उस भाव से प्रभावित)* देखो...अच्छा होगा यदि मैं इस समय न जाकर...।

सुन्दरी : नहीं। जाने की बात मन में आई है, तो इस समय आपको जाना ही है। रुकना चाहेंगे, तो अब रुकने भी नहीं दूँगी।

नन्द : मुझे सदा वही करना है जो तुम चाहोगी, और वैसे ही करना है जैसे तुम चाहोगी। नहीं ?

[उसके कन्धे को हल्के से छूकर द्वार की ओर बढ़ जाता है। वहाँ रुककर एक बार उसकी ओर देख लेता है, फिर बाहर चला जाता है।]

सुन्दरी : *(सामने देखती हुई, गम्भीर अन्तर्मुख भाव से)* हाँ...क्योंकि बहुत-कुछ है जो अपने विषय में आप नहीं जानते, केवल मैं जानती हूँ।

[सामने के द्वार से गवाक्ष के पास चली जाती है। बाहर का प्रकाश बढ़ने और अन्दर का प्रकाश धीमा पड़ने से उसकी आकृति एक छायाकृति में बदलने लगती है।]

अंक : तीन

*[वही कक्ष। अगली रात। बीच का पहर। कक्ष में सब-कुछ व्यवस्थित है। फिर भी एक सूनेपन का आभास होता है। व्यक्ति वहाँ कोई नहीं है। सामने का द्वार बन्द है। उद्यान की ओर **सुन्दरी** और **अलका** बात करती हुई आती हैं। **सुन्दरी** के बाल अब भी खुले हैं। वेश वही है जो दूसरे अंक के अन्त में था। भाव में कठोरता है।]*

सुन्दरी : किसी ने भी नहीं देखा यह कब हुआ ?

अलका : नहीं, देवि !

सुन्दरी : यह भी पता नहीं कि घटना दिन की है या रात की ?

अलका : नहीं...इससे पहले मुझे इधर आने का समय ही नहीं मिला।

सुन्दरी : न जाने क्यों आँखों से देखकर भी मुझे विश्वास नहीं आ रहा। मुझे तो यह सम्भव ही नहीं लगता कि...।

अलका : पहली बार देखा, तो मुझे भी विश्वास नहीं आया। सोचा कहीं किसी और दिशा में तो नहीं चली आई। परन्तु आसपास देखकर निश्चय कर लिया कि कमल-ताल के पास ही खड़ी हूँ, तो ताल का सूनापन मन में भी घिर आया। पहले सोचा कि

आपको सूचना न दूँ, पर फिर मुझसे रहा नहीं गया।

सुन्दरी : सूचना न देने से वे लौट तो न आते। परन्तु अलका, मैं अब भी नहीं सोच पा रही कि यह हुआ कैसे। राजहंस स्वयं उड़कर चले गए, इस पर विश्वास नहीं आता। परन्तु मन यह भी नहीं मानता कि कोई उन्हें ताल से चुरा ले गया है।

अलका : नहीं, यहाँ ऐसा साहस किसी का नहीं हो सकता कि उन्हें ताल से चुरा ले जाता।

सुन्दरी : *(गम्भीर दृष्टि से सामने देखती हुई)* साहस की बात आज नहीं कह सकती।...परन्तु नहीं सोच पा रही कि यदि सचमुच किसी ने ऐसा साहस किया है तो वह हो कौन सकता है।

अलका : *(कुछ अव्यवस्थित)* देखिए, जिस पर सन्देह हो सकता था, वह तो कल सारी रात और आज सारा दिन साथ के कक्ष से बाहर ही नहीं आया। इस बीच अधिकांश समय मैं स्वयं उसके पास रही हूँ।

सुन्दरी : उस पर मुझे सन्देह नहीं है। इसीलिए तय नहीं कर पा रही कि यह हुआ कैसे। परन्तु राजहंस आहत थे...कम से कम एक उनमें अवश्य आहत था। क्या उनके पंखों में इतनी शक्ति रही होगी कि वे अपनी इच्छा से उड़कर कहीं चले जाते ? फिर जिस ताल में इतने दिनों से थे, उसका अभ्यास, उसका आकर्षण, क्या इतनी आसानी से छूट सकता था ?

अलका : सम्भव है आहत होना ही उनके उड़कर चले जाने का कारण हो।

सुन्दरी : होने को कुछ भी कारण हो सकता है। सम्भव है यही कारण हो।

[सोचती-सी चबूतरे की ओर बढ़ जाती है।]

अलका : रात आधी बीत चुकी है। अब क्या कुछ देर विश्राम नहीं करेंगी ?

सुन्दरी : अब तक और किया ही क्या है...विश्राम के सिवा ?

अलका : चुपचाप बैठे रहना विश्राम नहीं होता। आप दिन-

भर जिस मनःस्थिति में रही हैं, उससे तो इतनी थकान हो गई होगी कि...।

सुन्दरी : देख, मैं फिर से इस विषय की चर्चा नहीं सुनना चाहती।

अलका : फिर से...यह कैसे कह रही हैं ? अब तक आपने एक बार भी तो इस विषय में बात नहीं करने दी।

सुन्दरी : बात करने के लिए और भी विषय हैं। तू अपने विषय में बात कर सकती है।

अलका : अच्छा, इतनी अनुमति दें कि सुगन्धि-जल से आपके पैरों को थोड़ा मल दूँ।

सुन्दरी : नहीं...उसकी आवश्यकता नहीं।

अलका : आवश्यकता न सही, पर मेरे कहने से ही आप...।

सुन्दरी : कह दिया है न, नहीं। तू एक-एक बात को लेकर इतना हठ क्यों करती है ?

अलका : हठ मैं कर सकती हूँ ? कर सकती, तो दिन-भर आपको बिना प्रसाधन रहने देती ? बिना प्रसाधन आपका रूप...।

सुन्दरी : मेरा यही रूप क्या स्वाभाविक नहीं ?

अलका : कुमार लौट आए होते, तो क्या आप ऐसे रहतीं ? इसलिए कह रही हूँ कि सम्भव है कुमार को लौटने में अभी और समय लग जाए जिससे...।

सुन्दरी : *(आगे के दीपाधार की ओर आती हुई कुछ तीखे स्वर में)* तू समझती है मैं अब तक उनके लौटने की प्रतीक्षा कर रही हूँ ? प्रतीक्षा कर रही होती, तो अपने माथे का बिन्दु सूख जाने न देती। मुझे खेद है तो यही कि जितना समय इसे गीला रखना चाहिए था, उससे कहीं अधिक समय मैंने इसे गीला रखा।

[श्रृंगार-कोष्ठ के पास जाकर वहाँ से एक कटोरी उठा लेती है।]

यह कटोरी है जिसमें पानी भरा था। पानी इसमें

अब भी है, परन्तु...*(कटोरी को उँडेलकर खाली करती हुई)* अब मुझे प्रतीक्षा नहीं है। वे जब भी आएँ, मुझे उनसे कुछ नहीं कहना है। और आने में कोई बाधा है, तो...।

अलका : बाधा की बात आप सोच भी सकती हैं ?

सुन्दरी : सोचने की स्थितियाँ होती हैं, अलका ! जो बात इस क्षण नहीं सोची जा सकती, वह अगले क्षण सोची जा सकती है। मैंने उन्हें भेजा था, तो एक विश्वास के साथ भेजा था। चाहती, तो रोक भी सकती थी। परन्तु रोकना मैंने नहीं चाहा, क्योंकि वैसा करना दुर्बलता होती। अब इतना सन्तोष तो है कि दुर्बलता कहीं थी, तो मुझमें नहीं थी।

[अलका सुगन्धि-जल की कटोरी लिये हुए उसके पास आ जाती है।]

अलका : मेरी एक बात मानेंगी ?

सुन्दरी : यही न कि बात न करके चुपचाप लेट रहूँ ?

अलका : उससे मन थोड़ा शान्त हो जाएगा। मैं इस बीच किसी को नदी-तट पर भेजती हूँ कि...।

सुन्दरी : नहीं, अलका ! किसी को वहाँ भेजना नहीं है। उन्हें लौटकर आना है, तो अपने घर में आएँगे। और नहीं आना है, तो...।

अलका : ऐसा नहीं हो सकता कि वे न आएँ—यह आप भी जानती हैं। अब तक न आने का एक कारण यह भी तो हो सकता है कि समय पर न आ पाने का संकोच ही उन्हें रोके हो, या उधर से ही आर्य मैत्रेय के साथ आखेट पर निकल गए हों।

सुन्दरी : आखेट पर !...हाँ, यही तो एक दिन था उनके आखेट पर जाने के लिए !

अलका : ऐसा नहीं, तो भाई से विदा लेने में उन्हें संकोच हो रहा होगा। आप जानती ही हैं भाई के प्रति कितना आदर और स्नेह उनके मन में है।

सुन्दरी : जानती हूँ।

अलका : तो मेरी बात मानें और कुछ देर विश्राम कर लें। मैं सुगन्धि-जल से माथा सहलाऊँगी, तो सम्भव है घड़ी-दो घड़ी नींद भी आ जाए।

सुन्दरी : समय पर क्या नींद अपने आप ही नहीं आ जाएगी ?

अलका : इस तरह खड़े-खड़े नहीं, लेट रहने से आएगी। आप मेरी बात कभी नहीं टालतीं न ? तो इस समय भी मेरी बात रखने के लिए ही थोड़ी देर लेट जाएँ।

सुन्दरी : *(झूले की ओर बढ़ती हुई जैसे अपने से)* हाँ...तेरी बात रखने के लिए, या अपनी बात भूल जाने के लिए !

*[झूले पर बैठ जाती है। **अलका** झूले के तकिए ठीक करके सहारे से उसे लिटा देती है।]*

अलका : सब-कुछ भूल जाने के लिए। बीता कल, आज और आनेवाला कल—सब-कुछ।

*[घुटनों के बल झूले के पास बैठकर सुगन्धि-जल से धीरे-धीरे उसका माथा सहलाने लगती है। **सुन्दरी** धीरे से अपना हाथ उसके हाथ पर रख देती है।]*

सुन्दरी : कई बार एक बात सोचती हूँ, अलका !

अलका : अब कोई बात मत करें। चुपचाप आँखें मूँद लें।

*[**सुन्दरी** एक बार उसकी ओर देखकर आत्म-समर्पण के भाव से आँखें मूँद लेती है।]*

सुन्दरी : सच यदि आँखें मूँद लेने से ही...।

अलका : कहा है न, बात मत करें।

*[माथा सहलाना छोड़कर धीरे-धीरे झूले को हिलाने लगती है। कुछ देर बाद झुककर **सुन्दरी** को देख लेती है, और झूले को हिलता छोड़कर दबे पैरों सामने के द्वार के पास आ जाती है।]*

(दबे स्वर में) नीहा !...नीहा !

*[**नीहारिका** उस ओर से आती है। लगता है जैसे अभी-अभी नींद से जागी हो।]*

तू सो गई थी ?

नीहारिका : नहीं, थोड़ा ऊँघ गई थी।

अलका : धीमे बात कर।...श्वेतांग लौटकर नहीं आया ?

नीहारिका : आया होगा, तो बाहर प्रतीक्षा कर रहा होगा। उससे कहा था न कि देवी के सामने आकर बात न करे ?

अलका : देख, आया हो तो उससे कह दे...*(एक बार झूले की ओर देखकर)* कि यहीं चला आए। मेरा इस समय इन्हें अकेली छोड़कर बाहर जाना ठीक नहीं।

*[**नीहारिका** चली जाती है। **अलका** झूले के पास जाकर **सुन्दरी** को देखती है और धीरे से उसे वस्त्र ओढ़ा देती है। सामने के द्वार से **श्वेतांग** आता है। **अलका** हल्के पाँव उसके पास चली जाती है और उसे धीमे स्वर में बात करने का संकेत करती है।]*

अलका : उनसे भेंट हुई ?

श्वेतांग : नहीं।

अलका : उन्हें देखा भी नहीं ?

श्वेतांग : नहीं।

अलका : वे वहाँ नहीं हैं ?

श्वेतांग : वहाँ से कब के जा चुके हैं।

अलका : कुछ पता चला कि वहाँ से अकेले ही चले हैं या...?

श्वेतांग : अकेले ही चले हैं।

अलका : वहाँ से किस ओर गए हैं ?

श्वेतांग : यह ठीक से पता नहीं चला।

अलका : यह तो पता चला होगा कि वहाँ उन्हें इतना समय कैसे लग गया ?

श्वेतांग : हाँ, जिस समय वहाँ पहुँचे, तथागत इतने लोगों से घिरे थे कि कितनी ही देर वे उनके पास नहीं जा पाए। इस बीच कितनी ही बार वहाँ से उठ आने को हुए, परन्तु उठने का साहस नहीं कर सके।

अलका : फिर ?

श्वेतांग : अन्त में पास आने का अवसर मिला, तो उन्होंने तथागत को प्रणाम किया और उनसे एक बार अपने यहाँ आतिथ्य स्वीकार करने के लिए कहा।

अलका : यहाँ आतिथ्य स्वीकार करने के लिए कहा ? और तथागत ने स्वीकार कर लिया ?

श्वेतांग : नहीं। उन्होंने इसका उत्तर नहीं दिया। कुमार इतने अव्यवस्थित थे कि दूसरी बार उनसे कहे बिना ही चुपचाप वहाँ से लौटकर आने लगे।

*[सुन्दरी कुनमुनाकर करवट बदलती है। **अलका** और **श्वेतांग** पल-भर चुप हो रहते हैं।]*

अलका : *(यह निश्चय करके कि सुन्दरी की नींद नहीं खुली)* आने लगे परन्तु आ नहीं पाए ? तो क्या तथागत ने उन्हें रोका ?

श्वेतांग : कहकर नहीं रोका। कुछ क्षण स्थिर दृष्टि से वे कुमार की ओर देखते रहे। फिर उनसे अपने पीछे आने को कहकर विहार में चले गए।

अलका : ओह ! कैसे अन्तर्द्वन्द्व के क्षण रहे होंगे कुमार के लिए !...विहार में कितना समय रहे वे उनके साथ ?

श्वेतांग : कितना ही समय। सुना है वहाँ उन्हें धर्म का उपदेश देकर तथागत ने भिक्षु आनन्द से कहा कि वे कुमार को दीक्षित कर दें।

अलका : *(स्तब्ध होकर)* दीक्षित कर दें ?

श्वेतांग : हाँ...और उन्हें दीक्षित कर दिया गया।

अलका : कर दिया गया।...और कुमार ने चुपचाप दीक्षित होना स्वीकार कर लिया ?

श्वेतांग : नहीं। पहले उन्होंने विरोध किया। परन्तु जब आरोप लगाया गया कि वे कामासक्त होने के कारण ऐसा कर रहे हैं, तो वे स्थिर दृष्टि से तथागत की ओर देखते हुए चुप खड़े रहे। जब तक उनके केश कटते रहे, तथागत उन्हें भोग और अभोग, कामना और अकामना के सम्बन्ध में कितना कुछ

बतलाते रहे। परन्तु कुमार न जाने क्या सोच रहे थे कि उन्होंने न तो केश काटने का विरोध किया, और न तथागत की बातों की ओर ध्यान ही दिया।

अलका : और इस तरह कुमार दीक्षित हो गए !

श्वेतांग : परन्तु दीक्षा के बाद तथागत ने अपना भिक्षा-पात्र उनके हाथ में देना चाहा, तो कुमार ने वह पात्र अस्वीकार कर दिया।

अलका : अस्वीकार कर दिया ?

श्वेतांग : हाँ...और बिना तथागत को प्रणाम किए विहार से निकल आए। कहते हैं उस समय उनकी आँखों का भाव विचित्र-सा हो रहा था। वे स्थिर दृष्टि से सामने देखते चल रहे थे। जैसे उन्हें अपने से...और अपने से ही नहीं, हर-एक से...गहरी वितृष्णा हो।

अलका : *(आशंकित स्वर में)* और उसके बाद ?

श्वेतांग : उसके बाद का ही तो ठीक पता नहीं चला। कुछ लोगों का कहना है कि उसके बाद उन्हें घने जंगल की ओर जाते देखा गया था।

अलका : घने जंगल की ओर ? परन्तु अपने शस्त्रास्त्र उनके पास नहीं थे। फिर कैसे वे...?

श्वेतांग : इसीलिए तो निश्चित कुछ नहीं कहा जा सकता। निहत्थे वे जंगली पशुओं के बीच क्यों गए होंगे, यह समझ नहीं आता। परन्तु लौटकर यहाँ नहीं आए, इसलिए सन्देह भी होता है कि कहीं...।

अलका : अमंगल की बात मत सोचो। जंगली पशुओं के बीच निहत्थे जाकर भी कुमार का अनिष्ट नहीं हो सकता।

श्वेतांग : मैंने सोचा था आर्य मैत्रेय से बात करूँ जिससे कुमार को खोजने का कुछ प्रयत्न किया जा सके। परन्तु...।

अलका : परन्तु क्या ?

श्वेतांग : आर्य मैत्रेय भी आज दीक्षित हो गए हैं।

अलका : आर्य मैत्रेय भी ?

श्वेतांग : हाँ, वे भी। अब यदि देवी से आदेश प्राप्त हो जाए, तो मैं ही कुछ सैनिकों को साथ लेकर...।

अलका : नहीं। इन्हें अभी इस सम्बन्ध में बताना ठीक नहीं।

श्वेतांग : परन्तु तुम यह नहीं सोचतीं कि इन्हें न बताना भी अहितकर सिद्ध हो सकता है ?

अलका : ठहरो...शायद तुम्हारा कहना ही ठीक है। घने जंगल में...रात के समय...कुछ भी तो असम्भव नहीं। अच्छा, तुम कुछ देर बाहर ठहरो। मैं अभी इन्हें जगाकर इनसे बात करती हूँ।

*[**श्वेतांग** गम्भीर भाव से सिर हिलाकर बाईं ओर से चला जाता है। **अलका** झूले के पास आकर पल-भर **सुन्दरी** को देखती रहती है।]*

नींद अभी ठीक से गहरी भी तो नहीं हुई। मन नहीं होता इन्हें इस नींद से जगा देने को।...सच कितना कुछ गर्भ में लिये रहता है कोई-कोई दिन ! मन जितने को सँभाल सकता है, उससे कितना-कितना अधिक ! अब कितना अकुलाएँगी ये उस वास्तविकता को जानकर ! साथ कितना चाहेंगी कि इनकी अकुलाहट बाहर किसी पर भी प्रकट न हो–मुझ पर भी नहीं। *(झूले पर झुककर)* देवि ! *(फिर सुन्दरी की बाँह को हल्के से छूकर)*...देवि !

*[तभी सामने के द्वार से **नन्द** अन्दर आता है। उसका वेश वही है जो पहले था, परन्तु सिर मुँड़ा है तथा शरीर क्षत-विक्षत है।]*

नन्द : उसे जगाओ नहीं, सोई रहने दो।

*[**अलका** चौंककर उसकी ओर देखती है।]*

अलका : आ-आ-आप !

नन्द : हाँ, मैं। तुम जाओ। उसे सोई रहने दो।

अलका : परन्तु...परन्तु...।

नन्द : जाओ, एक अभ्यागत मेरे साथ है।

*[**अलका** सिर झुकाए दाईं ओर को चल देती है।]*

(पीछे देखकर) आ जाओ, भिक्षु !

*[**अलका** एक दृष्टि अन्दर आते भिक्षु पर डालकर बाहर चली जाती है। **भिक्षु आनन्द** अन्दर आकर द्वार के पास रुक जाता है।]*

बैठने के लिए आसन मँगवा दूँ ?

भिक्षु आनन्द : नहीं, मुझे बैठना नहीं है।

नन्द : यह है मेरा घर, मेरी पत्नी का कक्ष। वह है मेरी पत्नी, सुन्दरी।

भिक्षु आनन्द : देख रहा हूँ। स्थान सुन्दर है। कक्ष बहुत ही सुन्दर है।

नन्द : बस इतना ही ? स्थान के अतिरिक्त भी कुछ है यहाँ, यह नहीं देख पा रहे ? सम्भवतः उसे देखने के लिए जो दृष्टि चाहिए, वह दृष्टि तुम्हारे पास नहीं है।

भिक्षु आनन्द : तुम्हें यह कहने में सुख मिल रहा है, तो मैं तुम्हें उससे वंचित नहीं करना चाहूँगा। तुम बहुत उद्विग्न हो। वन में व्याघ्र के साथ हुए युद्ध में क्षत-विक्षत होकर...।

नन्द : मैं जानता हूँ सारा समय तुम छाया की तरह मेरे साथ रहे हो—विहार से लेकर यहाँ तक। शायद तुम्हारे मन में आशा रही है कि मैं और कहीं भी जाऊँ, लौटकर अपने घर नहीं आऊँगा। घर देखने की इच्छा भी शायद तुमने इसीलिए प्रकट की थी कि सोचते थे तुम्हें लेकर यहाँ आने में मुझे संकोच होगा। परन्तु देख रहे हो मेरे मन में कहीं संकोच नहीं है। विहार से सीधा यहाँ नहीं आया, यह मेरी अपनी इच्छा थी। वन में जाकर व्याघ्र से युद्ध किया, वह भी आकस्मिक घटना नहीं, मेरी एक और अपनी इच्छा थी...।

भिक्षु आनन्द : निःसन्देह तुम्हारी अपनी इच्छा थी। परन्तु ऐसी इच्छा तुम्हारी हो सकती है, इसका अनुमान तथागत को था। वे देख रहे थे कि तुम्हारा मन अशान्त है,

इसलिए तुम कुछ भी कर सकते हो, कहीं भी जा सकते हो। मैं तब से छाया की तरह तुम्हारे साथ हूँ क्योंकि तथागत का आदेश था कि...

नन्द : तथागत के आदेश के विषय में और नहीं सुनना चाहता, भिक्षु ! उनके आदेश से तुमने मेरे केश काट दिए। भाई के सम्मान के कारण मैंने बलपूर्वक विरोध नहीं किया...आशा थी वे मेरी आँखों में देखकर जान जाएँगे कि उस अनचाही दीक्षा के विषय में मैं क्या सोच रहा हूँ। परन्तु उन्होंने जानकर भी नहीं जानना चाहा, तो उनका दिया भिक्षा-पात्र हाथ में न लेकर मैं अपना उत्तर दे आया था।

भिक्षु आनन्द : उत्तर दे नहीं आए थे, अब तक दे रहे हो। भिक्षा-पात्र हाथ में न लेना तुम्हारे उत्तर का एक अंश था। दूसरा अंश था तुम्हारा यहाँ न आकर जंगल में चले जाना और व्याघ्र से युद्ध करना। तीसरा अंश है...।

नन्द : तुम जब तक चाहो, अंश गिनते रहो भिक्षु ! परन्तु तथागत यह अवश्य जानते हैं कि मैं उन्हें अपना पूरा उत्तर दे आया था।

भिक्षु आनन्द : वे इससे अधिक जानते हैं, नन्द ! जानते हैं कि तुम्हारा कोई भी उत्तर तब तक पूरा नहीं हो सकता जब तक...।

नन्द : जब तक ?

भिक्षु आनन्द : मन की व्याकुलता शान्त नहीं हो जाती।

नन्द : और वह शान्त होगी तुम्हारी दीक्षा स्वीकार कर लेने से ?

भिक्षु आनन्द : नहीं। दीक्षा स्वीकार कर लेने से ही वह शान्त न होगी।

नन्द : *(व्यंग्य के साथ)* तो कैसे शान्त होगी वह ?

भिक्षु आनन्द : यह तुम मुझसे नहीं, अपने से पूछ रहे हो।

नन्द : नहीं, भिक्षु ! बातों का खेल हमारे बीच और नहीं

खेला जाएगा। स्वर्ग और नरक, वैराग्य और विवेक, शील और संयम, आर्यसत्य और स्मृत—जानता हूँ वाणी के छल से तुम मुझे किस ओर ले जाना चाहते हो। परन्तु वह दिशा मेरी नहीं है। कदापि नहीं है।

भिक्षु आनन्द : निःसन्देह नहीं है। तुम अपनी दिशा खोज रहे हो, यह व्याकुलता ही वास्तविक आरम्भ है।

नन्द : बातें रहने दो, भिक्षु ! घर देखना चाहते थे, सो तुमने देख लिया है।...उस ओर मेरा कक्ष है, इस ओर उद्यान है।

भिक्षु आनन्द : मैं घर देखना चाहता था, नन्द...घर...कक्ष या उद्यान नहीं। तुम्हारे पास कक्ष और उद्यान सब-कुछ है, घर नहीं है...घर जिसमें तुम्हारी आत्मा को विश्राम मिल सके। मुझे विलम्ब हो रहा है। मैं अब यहाँ से चलना चाहूँगा।

*[पल-भर स्थिर दृष्टि से **नन्द** की ओर देखता रहकर वापस सामने के द्वार की ओर चल देता है।]*

(द्वार के पास रुककर) चलते हुए कामना यही है कि कभी-न-कभी तुम्हें वह आश्रय मिल सके जो तुम्हारा वास्तविक घर होगा।

नन्द : ठहरो, भिक्षु ! जाने से पहले तुमसे एक प्रश्न पूछना चाहता हूँ।

भिक्षु आनन्द : मुझसे पूछना चाहते हो ? परन्तु जो व्यक्ति तुम्हारे किसी भी प्रश्न का उत्तर दे सकता है, वह मैं नहीं हूँ। उत्तर किसी भी प्रश्न का तुम्हें केवल एक ही व्यक्ति से मिल सकता है, और उस व्यक्ति का नाम है—नन्द।

नन्द : जाओ, भिक्षु ! फिर से वही खेल खेलने के लिए तुम्हें नहीं रोकना चाहूँगा।

[उसकी ओर से मुँह फेरकर आगे के दीपाधार के पास आ जाता है।]

भिक्षु आनन्द : मुझे रोकने का तो प्रश्न ही नहीं है, नन्द ! जिसे

तुमने रोक रखा है, वह व्यक्ति कोई दूसरा ही है।

[नन्द के मुड़कर उस ओर देखने तक वह बाहर चला जाता है। नन्द जैसे अपनी बात उसे सुनाने के लिए द्वार तक बढ़ जाता है।]

नन्द : बातों को उलझाते क्यों हो, भिक्षु ?...कौन है वह व्यक्ति ?

*[**भिक्षु आनन्द** की ओर से कोई उत्तर नहीं मिलता। नन्द द्वार से निकलकर गवाक्ष के पास चला जाता है।]*

कौन है वह दूसरा व्यक्ति जिसे मैंने रोक रखा है ?

[फिर भी कोई उत्तर नहीं मिलता, तो हताश सा कक्ष में लौट आता है।]

अच्छा है तुम नहीं रुके। रुकते, तो जानता हूँ तुम क्या उत्तर देते। कहते, 'तुम उस व्यक्ति को नहीं जानते, नन्द ? मुझे आश्चर्य है।' परन्तु तुम्हारी मुस्कुराती हुई आँखें कहतीं तुम्हें आश्चर्य नहीं है। आश्चर्य की बात केवल उपहास है, व्यंग्य है।

[मदिरा-कोष्ठ के पास जाकर मदिरा-पात्र उठाता है, फिर रख देता है।]

नहीं, अभी मदिरा नहीं लूँगा, भिक्षु ! तुम्हारी मुस्कुराती हुई भौंहें जिससे यह न कह सकें, 'स्मृति से इतना डर क्यों लगता है, नन्द ? अपनी स्मृति को मदिरा की विस्मृति में डुबो क्यों देना चाहते हो ?' *(मदिरा-कोष्ठ के पास से हटता हुआ)* यद्यपि इसका उत्तर मैं तुम्हें दे सकता था। कह सकता था कि स्मृति से बचने के लिए तुमने जो स्वाँग रचा है, वह मैंने नहीं रचा, इसलिए।

[झूले के पास रुककर पल-भर सुन्दरी की ओर देखता रहता है।]

अच्छा है लौटकर आते ही तुम्हारे प्रश्नों का सामना नहीं करना पड़ा। मैंने कहा था कि शीघ्र ही लौट आऊँगा, परन्तु आ नहीं सका। इसे लेकर तुम्हारी

आँखों में जो व्यंग्य उभरता, उसका उत्तर शायद मैं न दे पाता। क्या कहता तुमसे—कि तथागत के पास से उठ आने के बाद कल के मरे मृग को देखने की कामना क्यों इतनी प्रबल हो आई थी कि किसी भी तरह अपने को वहाँ जाने से नहीं रोक सका ? क्या बताता तुम्हें कि मृग के स्थान पर एक नोच-खाई ठठरी को देखकर मुझे कैसा लगा ? और कि फिर क्यों गुरगुराकर सामने से आते व्याघ्र से मैं सहसा उलझ पड़ा ? क्यों मैंने जान-बूझकर आत्म-विनाश को निमन्त्रित किया, और फिर स्वयं ही आत्म-रक्षा के लिए उस तरह लड़ गया ? आत्म-रक्षा और आत्म-विनाश—इन दो प्रवृत्तियों के बीच में एक साथ ज़िया—कैसे और क्यों ?...और क्या उस तरह जीकर सुख मिला ? वह क्या सुख की ही खोज थी जिसने उस तरह जीने के लिए विवश किया ? *(आगे के दीपाधार की ओर जाता हुआ)* या यह केवल मन का विद्रोह था—बिना विश्वास एक विश्वास के अपने ऊपर लादे जाने के लिए ? या इसलिए कि उस समय मैं इतना सत्त्वहीन क्यों हो गया कि भिक्षु आनन्द के कर्तनी उठाने पर चिल्ला नहीं सका, 'नहीं, यह विश्वास मेरा नहीं है—मैं तुम्हारा या किसी का विश्वास ओढ़कर नहीं जी सकता, नहीं जीना चाहता।'

[अपनी छटपटाहट में कक्ष के एक सिरे से दूसरे सिरे तक टहलता है।]

इतना समझ में आता है कि जिए जाने से जीवन धीरे-धीरे चुक जाता है। कि हर उन्मेष का परिणाम एक निमेष है और काल के विस्तार में उन्मेष और निमेष दोनों अस्थायी हैं। कि सुख-सुख नहीं, काई पर फिसलते पाँव का स्पन्दन-मात्र है, मात्र रेत में डूबती बूँद की अकुलाहट। परन्तु वह स्पन्दन, वह अकुलाहट ही क्या जीवन का पूरा अर्थ, जी लेने का

कुल पुरस्कार नहीं है ? आकाश में लटकते नीले-काले बिन्दु—कोरे सिद्धान्तों के—वे अधिक स्थायी, अधिक सत्य, कैसे हैं ?

[टूटे दर्पण के सामने रुककर क्षण-भर अपना प्रतिबिम्ब उसमें देखता रहता है।]

उन्होंने केश काट दिए, तो क्या व्यक्ति-रूप में मैं अधिक सत्य हो गया ? जीभ काट देते, हाथ-पैर काट देते, तो क्या और अधिक सत्य हो जाता ? कौन कह सकता है कि भ्रान्ति वस्तुतः किसे है—उन्हें या मुझे ? *(दर्पण के पास से हटकर)* उन्होंने कहा, "मैं मैं नहीं हूँ, तुम तुम नहीं हो, वह वह नहीं है—सब किसी उँगली से आकाश में बनाए गए चित्र हैं जो बनने के साथ-साथ मिटते जाते हैं—कि उनका होना न होने से भिन्न नहीं है।" परन्तु मैं पूछता हूँ जब होने-न होने में कोई अन्तर ही नहीं है, तो मेरे केश क्यों काट दिए ? *(झूले और पीछे के दीपाधार के बीच आकर)* और काट ही दिए, तो उससे अन्तर क्या पड़ता है ? कुछ ही दिनों में फिर नहीं उग आएँगे ? अन्तर पड़ता, यदि मेरा हृदय बदल देते—आँखें बदल देते। *(झूले पर झुककर)* मेरे हृदय में तुम्हारे लिए अब भी वही अनुराग है। आँखों में तुम्हारे रूप की अब भी वही छाया है। तुम्हारा विशेषक सूख गया, इसका मुझे खेद है। इसे मैं अभी गीला किए देता हूँ।

*[झूले के पास से सुगन्धि-जल की कटोरी उठाकर **सुन्दरी** का विशेषक गीला करने लगता है। उँगली माथे से छूते ही **सुन्दरी** अधखुली नींद में कुनमुना उठती है, 'नहीं, नहीं, नहीं... ।' **नन्द** अचकचाकर थोड़ा पीछे हट जाता है। **सुन्दरी** हड़बड़ाकर उठ जाती है।]*

सुन्दरी : *(उद्भ्रान्त स्वर में)* कौन ?...कौन है ?...कौन है यहाँ ?

—

*[दाईं ओर से **अलका** तथा बाईं ओर से **श्वेतांग** घबराए से आते हैं। **नन्द** सिर झुकाए पीछे के दीपाधार के पास चला जाता है।]*

श्वेतांग : देवि !

अलका : क्या बात है, देवि ? क्या हुआ है ? ऐसे क्यों हो रही हैं ?

*[हाथ उसके कन्धे पर रखने लगती है, परन्तु **सुन्दरी** उसका हाथ बीच में ही रोक लेती है।]*

सुन्दरी : ठहर...यहाँ कक्ष में कौन-कौन हैं इस समय ?

अलका : कौन-कौन हैं ?...आप हैं, मैं हूँ, श्वेतांग है...।

*[फिर **नन्द** की ओर देखकर चुप कर जाती है।]*

सुन्दरी : और कोई नहीं है ? कोई बाहर का व्यक्ति।

अलका : बाहर का व्यक्ति ?...*(नन्द की ओर से आँखें हटाकर)* बाहर का व्यक्ति इस कक्ष में आ भी सकता है ?

सुन्दरी : *(झूले से उठती हुई)* तो फिर मुझे क्यों लगा जैसे...जैसे अभी-अभी एक हाथ मेरे माथे से छुआ हो, और एक आकृति, आँख खुलते- खुलते, मेरे सामने से हट गई हो ? सच कितनी विचित्र थी वह आकृति ! कितनी असंगत, कितनी अस्वाभाविक ! सिर एक भिक्षु का, और शेष शरीर–शेष शरीर एक आहत योद्धा का !...सोने से पहले मन स्वस्थ नहीं था, शायद इसीलिए ऐसा भ्रम हुआ हो...!

अलका : मन तो आपका कल से ही स्वस्थ नहीं है। *(पुनः नन्द की ओर देखकर)* कल जिस समय से...।

सुन्दरी : देख, कल की बात तुझे मुझसे नहीं करनी है। न आज, और न आज के बाद ही कभी। जो व्यक्ति कल जाने के बाद लौटकर नहीं आया, उसकी बात भी नहीं।

*[अब **श्वेतांग** की दृष्टि **नन्द** की ओर चली जाती है, और अपने उद्वेग को दबाने की चेष्टा में वह थोड़ा एक ओर को हट जाता है।]*

—

अलका : परन्तु देवि...!

सुन्दरी : वह बीता कल मन से जितना दूर रहे, उतना ही अच्छा है। मैं अपने को फिर से उसकी छाया में लौटने देना नहीं चाहती।

अलका : परन्तु मैं कहना चाहती थी, देवि !...कहना चाहती थी कि...।

*[**नन्द** की ओर देखकर शब्द गले में अटक जाते हैं। **सुन्दरी** कुछ असमंजस में पल-भर उसकी ओर देखती रहती है।]*

सुन्दरी : क्या बात है ? तेरे होंठ इस तरह काँप क्यों रहे हैं ? आँखें इस तरह पथराई-सी क्यों हो रही हैं ? *(पल-भर प्रतीक्षा करने के बाद)* तू कुछ कहना चाहती थी न ? बता क्या कहना चाहती थी ?

*[**अलका** के मुँह से बात नहीं निकलती, तो उसकी आँखें एक अस्वाभाविक परिस्थिति के प्रति सचेत होने लगती हैं।]*

तुझे हुआ क्या है ? तू इस तरह गुमसुम क्यों हो रही है ?

*[**अलका** से हटकर उसकी आँखें **श्वेतांग** की ओर चली जाती हैं।]*

और तुम श्वेतांग...तुम भी वहाँ जड़-से क्यों खड़े हो ?

(सहसा अधीर होकर) क्या हुआ है तुम दोनों को ? तुम लोग मुँह से एक शब्द भी नहीं बोल सकते क्या ?

[बारी-बारी से उन दोनों की ओर देखती हुई पल-भर स्वयं भी स्तब्ध-सी हो रहती है। फिर जैसे स्थिति उस पर स्पष्ट होने लगती है और उसकी आँखों का भाव अन्तर्मुख होने लगता है।]

इसका अर्थ कहीं यह तो नहीं...कि कक्ष में इस समय सचमुच कोई और भी है ?...कि उस समय

आँख खुलने पर मैंने जो देखा...

*[कहते-कहते आँखें पीछे **नन्द** की ओर घूम जाती हैं।]*

...वह मेरे मन का भ्रम नहीं था...

नन्द : *(स्थिर दृष्टि से उसकी ओर देखता हुआ)*

...यथार्थ था !

सुन्दरी : *(सहसा आहत)* यथार्थ ! ओह !

*[आँखें मुँद जाती हैं और चबूतरे का सहारा लिये वह वहीं बैठ जाती है। **अलका** पास जाकर धीरे से उसकी बाँह पर हाथ रखती है।]*

अलका : देवि !

सुन्दरी : *(प्रयत्न से आँखें खोलकर धीमे, अन्तर्मुख, परन्तु आदेशात्मक स्वर में)*

तू जा यहाँ से।...तुम भी जाओ, श्वेतांग !

*[**श्वेतांग** अन्तर्मुख भाव से सिर हिलाकर जाने लगता है।]*

अलका : *(जैसे परिस्थिति को सँभालने की चेष्टा में)* सुनो, श्वेतांग !...कुमार थके हुए हैं, इसलिए शायद... शायद अपने कक्ष में जाकर स्नान और विश्राम करना चाहेंगे। तुम चलकर स्नान-सामग्री ठीक करो और मैं...मैं अभी जाकर वस्त्रों का नया जोड़ा निकाल देती हूँ।

*[**श्वेतांग** दाईं ओर से चला जाता है। **अलका** फिर **सुन्दरी** के पास आ जाती है।]*

(उसके कन्धे पर हाथ रखकर)...और आप...आप भी कुछ देर अभ्यन्तर कक्ष में नहीं चलेंगी ? मैं प्रसाधन सामग्री लेकर वहीं आ जाती हूँ और...।

सुन्दरी : मैंने तुझसे कहा था न यहाँ से जाने के लिए ?

अलका : मैं जा रही हूँ। जाते हुए केवल इतना कहना चाहती थी कि...।

सुन्दरी : *(अधीर स्वर में)* केवल कितना कहना चाहती थी ? बिना कहे नहीं जा सकती क्या ?

अलका : मैं जानती हूँ आपको कैसा लग रहा है। परन्तु...अब जबकि कुमार लौट आए हैं...।

सुन्दरी : लौट आए हैं ? *(चबूतरे से उठती हुई)* नहीं। लौटकर वे नहीं आए। जो आया है, वह व्यक्ति कोई दूसरा ही है।

नन्द : दूसरा ?...*(बढ़कर उसकी ओर आता हुआ)* तो तुम भी कह रही हो कि मैं कोई दूसरा व्यक्ति हूँ। केवल इसलिए कि किसी ने हठ से मेरे केश काट दिए हैं ? मुझे पहले से थोड़ा अपरूप कर दिया है ? क्या इतने से ही व्यक्ति एक से दूसरा हो जाता है ?

*[**अलका** इस बीच शृंगार-कोष्ठ के पास जाकर टूटा दर्पण हटाने लगती है।]*

सुन्दरी : तू अब भी यहाँ क्या कर रही है, अलका ?

अलका : टूटा दर्पण हटा रही हूँ। पहले इस ओर ध्यान नहीं गया, इसलिए...

सुन्दरी : इसे रहने दे और तू जा।

*[**अलका** फिर भी पल-भर दुविधा में रहती है।]*

कहा है न जा। मैं इस समय अपने कक्ष में बिल्कुल अकेली रहना चाहती हूँ।

*[**अलका,** उस स्वर से प्रभावित, दर्पण छोड़कर अनिश्चित भाव से दाईं ओर से चली जाती है।]*

नन्द : *(पल-भर अन्तर्मुख भाव से उसकी ओर देखता रहकर)* मुझसे भी अकेली—यही अर्थ है न तुम्हारा ?

सुन्दरी : *(स्वर को यथासम्भव संयत रखने का प्रयत्न करती हुई)* आपसे अकेली क्या मैं इस समय भी नहीं हूँ ?

नन्द : इस समय भी तुम मुझसे अकेली हो ?...तुम्हें सचमुच लग रहा है कि तुम मुझसे अकेली हो ?

सुन्दरी : *(सीधे उसकी आँखों में देखती हुई)* आपको नहीं लग रहा ?

नन्द : *(उससे आँखें हटाकर)* मुझे क्या लग रहा है, यह तुम कैसे कह सकती हो ?

सुन्दरी : नहीं कह सकती न ? व्यक्ति अकेला और किस

तरह से होता है।

[धीरे से मत्स्याकार आसन की ओर बढ़ जाती है।]

नन्द : तो तुम कहना चाहती हो कि....

सुन्दरी : नहीं...कहना मैं कुछ नहीं चाहती।

[आसन पर बैठ जाती है। नन्द अपने स्थान पर खड़ा पल-भर उसकी ओर देखता रहता है। फिर बढ़कर उसके पास आ जाता है।]

नन्द : परन्तु मैं कहना चाहता हूँ। यहाँ से जाने से अब तक के बीच जो कुछ हुआ है, वह सब तुम्हें बताना चाहता हूँ। इस बीच क्या-क्या अनुभव किया है मैंने, किन-किन मनःस्थितियों में जिया हूँ मैं...उस सबका अनुमान तुम मेरे बाहर के रूप को देखकर नहीं लगा सकतीं।

सुन्दरी : बाहर और अन्दर में अन्तर है, देख रही हूँ।

नन्द : फिर भी बहुत-कुछ है जो तुम नहीं देख रहीं। मेरे घावों को देखकर इतना अनुमान तुम्हें हो गया होगा कि तथागत के पास से मैं सीधा यहाँ नहीं आया। इस बीच वन में जाकर मैंने एक व्याघ्र से युद्ध किया, परन्तु उसके बाद भी सीधा यहाँ नहीं आया। चाहता था कुछ समय बिल्कुल अकेला रहूँ—इतना कि किसी का आभास तक मेरे पास न हो। परन्तु वह इच्छा पूरी नहीं हुई, क्योंकि एक व्यक्ति निरन्तर छाया की तरह मेरे साथ रहा। इस छाया से मैं बच भी जाता, परन्तु उसके अतिरिक्त और भी कितनी ही छायाएँ मेरे साथ थीं। जो छाया सबसे निकट थी; वह थी तुम...तुम !...देखो, मुझे तुमसे बहुत-कुछ कहना है जो मैं आज तक नहीं कह पाया। लौटकर इसीलिए आया था कि...।

सुन्दरी : *(स्थिर दृष्टि से उसे देखती हुई)* अन्यथा न आते न ?...मैं जानती हूँ।

नन्द : *(व्याकुल भाव से)* नहीं, जानती नहीं हो...केवल

विश्वास करना चाहती हो कि जानती हो। अपनी जिस वास्तविकता को तुमसे बाँटने की बात मैं आज सोचकर आया हूँ, उसके सम्बन्ध में तुम बिल्कुल कुछ नहीं जानतीं।

सुन्दरी : कैसी वास्तविकता होगी वह जिसके सम्बन्ध में मैं बिल्कुल कुछ नहीं जानती !

नन्द : *(मदिरा-कोष्ठ की ओर जाता हुआ)* तुम्हारा यह भाव मुझे अच्छा नहीं लग रहा। तुम्हें ऐसी कोई बात नहीं कहनी चाहिए जिससे मैं सदा के लिए अपने को तुमसे...*(मदिरापात्र हाथ में लेकर)* देखो, इस समय मेरा शब्दों पर वश नहीं है। कहना कुछ चाहता हूँ, बात मुँह से कुछ निकल पड़ती है।

सुन्दरी : *(आसन से उठती हुई)* शब्दों से अन्तर नहीं पड़ता। अर्थ आपका मेरे लिए अस्पष्ट नहीं है।

नन्द : *(चषक में मदिरा डालता हुआ)* तुम न जाने किस अर्थ की बात कर रही हो।...जान सकता हूँ वह कौन सा अर्थ है जो तुम्हारे लिए अस्पष्ट नहीं है ?

सुन्दरी : वह जिसे छिपाने के लिए चषक में मदिरा डाल रहे हैं। *(उसकी ओर आती हुई)* परन्तु इस प्रयत्न से वह अर्थ छिप नहीं जाएगा।

नन्द : *(चषक हाथ में लिये अत्यधिक गम्भीर भाव से)* देखो...तुम्हें यदि यही लग रहा है कि मैं किसी अर्थ को छिपाने का प्रयत्न कर रहा हूँ, तो मुझे इतना ही कहना है कि...।

सुन्दरी : कह दीजिए न !...बात पूरी नहीं कर पा रहे ?

*[**नन्द** जैसे हारकर हाथ का भरा हुआ चषक वहीं उँडेल देता है।]*

नन्द : ठीक कहती हो तुम। मुझे स्वीकार कर ही लेना चाहिए...

*[**सुन्दरी** आगे सुनने की प्रतीक्षा में एकटक उसकी ओर देखती रहती है।]*

...कि अब सचमुच मैं अपना वास्तविक अर्थ तुमसे

छिपाकर नहीं रख सकता। और अब जबकि तुम वह अर्थ जान ही गई हो, तो...।

सुन्दरी : जान अब नहीं गई हूँ, सदा से जानती रही हूँ।

*[अब **नन्द** आगे सुनने की प्रतीक्षा में उसकी ओर देखता रहता है।]*

...जानती रही हूँ कि जितने साधारण और लोग हैं, उतने ही साधारण आप भी हैं। कि जितनी आसानी से वे सब प्रभावित हो सकते हैं, उतनी ही आसानी से आप भी हो सकते हैं। अन्तर केवल इतना है कि लोग कभी एक बार प्रभावित होते हैं, आप बार-बार प्रभावित हो सकते हैं, जिस किसी से प्रभावित हो सकते हैं। आशंका मेरे मन में तब भी थी जब मैंने आपको यहाँ से भेजा था। परन्तु तब कहीं यह विश्वास भी था कि...

[अपनी उत्तेजना से निढाल, पल-भर रुकी रहती है।]

...कि पहले के प्रभाव से आप इतनी जल्दी मुक्त नहीं हो पाएँगे !

*[**नन्द**, उसके शब्दों से आहत, पल-भर स्तब्ध खड़ा रहता है। फिर मुड़कर उसकी ओर देखता है।]*

नन्द : बस इतना ही जाना है तुमने ?...और मैंने समझा था कि तुम वास्तविक अर्थ ही जान गई हो।

*[**सुन्दरी** जैसे झटका खाकर उसकी ओर बढ़ती है।]*

सुन्दरी : बहुत गहरा है वह वास्तविक अर्थ ?...नहीं, उतना गहरा नहीं है। मैंने जितना जाना है, उससे अधिक नहीं है उसमें जानने को।

*[**नन्द** भी, अपने को संयत रख पाने में असमर्थ, उसकी ओर बढ़ता है।]*

नन्द : *(उसके ऊपर घिर आकर)* है, है, है। उससे थोड़ा, थोड़ा, थोड़ा अधिक है। और आज तुम जानने की

ही बात कर रही हो तो अच्छा है उतना और जान लो।

[सुन्दरी आँखें सामने की ओर स्थिर किए उसकी बात सुनती रहती है।]

(जैसे निरन्तर आघात करता हुआ) मैं इस समय यहाँ क्यों हूँ ? कल यहाँ क्यों था ? वर्षों से यहाँ क्यों रहा हूँ ?...किसी प्रभाव के कारण नहीं...अपनी एक आन्तरिक आवश्यकता के कारण। और कल और आज के बीच जो बाहर रहा हूँ, वह भी किसी प्रभाव के कारण नहीं...अपनी एक और आन्तरिक आवश्यकता के कारण।

[उत्तेजना में अपने हाथों को उलझाए उसके पास से हट जाता है।]

मैं कब से जानता हूँ कि मैं पूरा यहाँ जीने के लिए नहीं हूँ। यह भी कि पूरा यहाँ से कटकर जीने के लिए भी नहीं हूँ। कहाँ, कितना, किस बिन्दु पर जीने के लिए हूँ, इसका उत्तर मैं आज तक अपने को नहीं दे पाता। *(फिर उसके पास आकर)* मैं जानता हूँ तुम्हें यह सब सुनना सह्य नहीं है। इसलिए सह्य नहीं है कि तुम समझती हो तुम्हीं वह केन्द्र हो जिसके वृत्त में मैं एक नक्षत्र की तरह घूमता हूँ। परन्तु मैं अपने को एक ऐसे टूटे हुए नक्षत्र की तरह पाता हूँ जिसका कहीं वृत्त नहीं है, जिसका कोई धुरा नहीं है।

[सुन्दरी से हटकर उसकी आँखें अब स्थिर भाव से सामने देखने लगती हैं।]

मैं चौराहे पर खड़ा नंगा व्यक्ति हूँ जिसे सभी दिशाएँ लील लेना चाहती हैं, और अपने को ढकने के लिए जिसके पास आवरण नहीं है। जिस किसी दिशा की ओर पैर बढ़ाता हूँ, लगता है वह दिशा स्वयं अपने ध्रुव पर डगमगा रही है, और मैं पीछे हट जाता हूँ।

[स्वर और आँखों में व्याकुलता तथा हताशा उत्तरोत्तर गहरी होती जाती है।]

उनके पास था, तो मन यहाँ के लिए व्याकुल था। अब तुम्हारे सामने हूँ, तो मन कहीं और के लिए व्याकुल है। क्योंकि यहाँ हो या वहाँ, सब जगह मैं अपने को एक-सा अधूरा अनुभव करता हूँ। क्योंकि तुम हो या वे, कोई भी मेरी इस वास्तविकता को स्वीकार नहीं कर सकता। क्योंकि इस रूप में हो या उस रूप में, अब किसी भी रूप में मैं अपने को झुठलाकर नहीं जी सकता। क्योंकि मैं यह भी हूँ और वह भी...इनमें से कोई एक नहीं, जैसा कि तुम सब अलग-अलग से विश्वास करना चाहते हो कि मैं हूँ...!

*[हाँफता-सा चुप कर जाता है। पल-भर दोनों एक-दूसरे से बात करने की प्रतीक्षा करते हैं। फिर **सुन्दरी** धीरे से मुड़कर उसकी ओर देखती है।]*

सुन्दरी : और ?...बस और कुछ नहीं है आपके पास कहने को ?

*[**नन्द** हताश दृष्टि से उसे देखता हुआ सिर हिला देता है।]*

नन्द : नहीं, और कुछ नहीं है। सचमुच और कुछ नहीं है मेरे पास कहने को।

सुन्दरी : और मैंने सोचा था कि वह थोड़ा अधिक अर्थ जो मुझे बताना चाहते थे, वह इससे थोड़ा और अधिक होगा। परन्तु जितना यह है, उतना सचमुच बहुत-बहुत थोड़ा है...।

नन्द : *(अन्दर के आवेग से रुँधकर)* कहाँ, क्या, कितना थोड़ा है, यह कितनी अच्छी तरह तौल सकती हो तुम !

सुन्दरी : और कुछ न सही, आपकी बात का अर्थ अवश्य तौल सकती हूँ। और वह अर्थ केवल इतना-सा ही

है कि...।

नन्द : *(और भी रुँधकर)* हाँ, हाँ, हाँ ! अर्थ केवल इतना-सा ही है। मैं स्वयं ?...कुछ नहीं हूँ। मेरा अन्तर्द्वन्द्व ?... कुछ नहीं है। मैं केवल...।

सुन्दरी : आप विश्वास न करना चाहें, तो भी वास्तविकता यही है कि...

नन्द : *(असह्यता की स्थिति पर पहुँचकर)* मुझे विश्वास है। विश्वास है कि जब तक यहाँ हूँ, तब तक इसका केवल इतना-सा ही अर्थ रहेगा। क्योंकि यहाँ रहते मैं केवल उतना-सा ही हूँ जितना-सा कि तुम्हारी दृष्टि मुझे देखना चाहती है। और उतने से आकार का व्यक्ति यदि जीवन में कोई बिन्दु खोजना चाहे, तो कितनी दूर जा सकता है ? *(उँगली पर अँगूठा रखे हुए)* केवल इतनी-सी, इतनी-सी, इतनी-सी...

सुन्दरी : *(अपने पर अधिकार खोकर)* अन्यथा ?... इतनी-सी भी तो नहीं...!

नन्द : *(असह्यता के चरम पर आकर)* तुम...!

[उसकी बाँह हाथ में कस लेता है। ***सुन्दरी*** *झटके से उसका हाथ अपनी बाँह से अलग कर देती है।]*

सुन्दरी : तुम...! कितने-कितने बिन्दु खोजे हैं आज तक तुमने ?...जाओ, एक और बिन्दु खोजो ! कितने-कितने शब्दों में ढाँपा है उन बिन्दुओं को ?...जाओ, कुछ और शब्द ढूँढो ! परन्तु अन्त में कहाँ रह जाते हैं तुम्हारे वे सब बिन्दु ? कहाँ चले जाते हैं तुम्हारे वे सब शब्द ? फिर भी क्यों वही के वही बने रहते हो तुम ? वही...*(अपने टूटते भाव को सँभालने का भरसक प्रयत्न करती हुई)* वही...वही !

*[**नन्द** कुछ पल स्तब्ध-सा खड़ा उसे देखता रहता है। फिर आहत भाव से सामने के द्वार से चला जाता है।* ***सुन्दरी*** *उसके जाने तक किसी*

तरह अपने को सँभाले रहती है, परन्तु उसके जाते ही सिसकती हुई हथेलियों पर औंधी हो जाती है।]

●●●